LO QUE OTROS AUTORES OPINAN ACERCA DE ESTE LIBRO

Se trata de una excelente mezcla de testimonio, verdad y la esperanza de cambio a través de la comunión íntima con Jesús y Su cuerpo. Ken, con inteligencia y misericordia, presenta un caso para hacer a un lado la identidad LGBTQ+ a cambio de celebrar a Jesús y el verdadero ser de cada uno. Su vida y su libro fusionan la esperanza con las asperezas implícitas en la forja de la madurez cristiana, misma de la que Ken Williams es ejemplo.

Andrew Comiskey
Director ejecutivo de Desert Streams Ministries
Autor de *Pursuing Sexual Wholeness*

Durante varios años, Ken Williams y yo hemos observado cómo se desenvuelve un drama internacional conforme Dios se revela a la gente que experimenta la atracción al mismo sexo y la confusión de género. Cuando el movimiento *CHANGED* comenzó a tomar forma en 2018, cientos de nuestros amigos de todo el mundo comenzaron a contactarnos. Entonces nos percatamos que había comenzado un avivamiento inusual. Otras organizaciones como la nuestra, que se enfoca en compartir historias del amor de Dios, también han ido surgiendo en todos los continentes. Al mismo tiempo, como en una respuesta directa, ha prevalecido la legislación que bloquea la libertad religiosa para aquellos que buscan alternativas para la experiencia LGBTQ. En todo el mundo se ha ido restringiendo la consejería profesional y la atención con base en la fe para cualquier persona que procura un cambio. En este riesgoso y oportuno momento el libro de Ken es un testigo para nuestra generación de cómo Dios toca las vidas de aquellos que lo buscan a Él con todo el corazón. En un tiempo cuando la cultura quiere cancelar nuestra existencia, su historia y la revelación que Dios ha dado serán nuestro salvavidas.

Pastora Elizabeth Woning
Cofundadora de CHANGED Movement y Equiped to Love

Si la homosexualidad se ha visto como un tema intimidante, como ha sido para muchos creyentes, aquí está el libro que hemos estado esperando. En *Cómo Logré SALIR*, Ken Williams habla sobre la atracción al mismo sexo con sabiduría, compasión y -lo más importante- con la amorosa verdad de Dios. Comparte, tanto su propio proceso de sanidad sexual, como testimonios de las transformaciones radicales que Dios hizo en las vidas de otros más. Este libro no solamente es para personas que buscan la libertad de la atracción hacia el mismo sexo; sino que también empoderará a los lectores con un enorme entendimiento y una inconmovible esperanza en la bondad de Dios y en su plan redentor en uno de los más grandes asuntos culturales de nuestros días. *Cómo Logré SALIR* no pudo llegar en una mejor hora.

Bill Johnson
Líder principal de Bethel Church, Redding, California
Autor de *Cielos Abiertos* y *En la Plenitud del Gozo*

Ken Williams ha escrito una obra maestra al abrir una amplia puerta hacia el corazón de Dios, un camino que, tanto los que se identifican como homosexuales como los que no, puedan transitar con seguridad y esperanza. Este libro al mismo tiempo intenso como encantador. No esquiva ningún desafío al dirigirse hacia la salida de la oscuridad y hacia la esperanza de Jesús. La lectura de este libro inundará de la compasión del Espíritu Santo a cualquiera que lea este libro y esté luchando con su identidad sexual, sea algún ser querido, o tú mismo.

Dr. Dan Carroll
Pastor principal de Water of Life Community Church
Fontana, California
Autor de *Into the Heart of God*

Hace más de tres décadas tomé la decisión de rechazar mi identidad gay y andar por un camino distinto. ¡Qué no hubiera dado por tener este libro como guía! Ken usa en él su fascinante historia para enseñar qué esperar cuando alguien dice, como él dijo: "¿Y ahora qué, Señor?" Es también una tremenda herramienta para pastores y líderes en el ministerio que quieren servir a la gente que está luchando con su propia sexualidad. Una bella historia, bellamente escrita.

Joe Dallas
Consejero y autor de *Desires in Conflict*

La inspiradora y brutalmente honesta historia de Ken Williams describe cómo la gracia de Dios es lo suficientemente poderosa para vencer cualquier obstáculo. Aquellos que luchan con la atracción del mismo sexo encontrarán ánimo al descubrir que el cambio y la transformación son posibles a través del evangelio. El mundo dice que la gente como Ken no existe. Pero su testimonio responde que todo es posible en Jesús.

Dr. Michael L. Brown
Anfitrión del programa Line of Fire
Autor de *Can You Be Gay and Christian?*

Nuestro mundo busca respuestas para entender la sexualidad, especialmente en lo referente a la comunidad LGBTQ. En *Cómo Logré SALIR*, Ken Williams comparte los eventos de su vida, revelando el corazón de Dios para abordar el tema de la confusión sexual. Te verás atraído por la humanidad de su historia y te irás con una profunda comprensión de lo que Dios está haciendo en esta comunidad en todo el mundo. Ocultos en los eventos de su travesía hay algunos pasos prácticos que guían a la libertad. Más importante que el contenido de este libro es lo que contiene su vida, como padre de cuatro hijos, como increíble esposo, y como gran amigo que es, Ken Williams es una prueba palpable del evangelio viviente.

Caitlin y Cole Zick
Directores de Moral Revolution
Autora (Caitlin) de *Look at You, Girl*

Ken Williams es un verdadero regalo a la iglesia de Jesucristo en todo el mundo. Sus poderosas aportaciones sobre cómo terminar con la vergüenza y su forma tan auténtica de compartir acerca del concepto de rendición en *Cómo Logré SALIR* constituyen poderosos cambios de paradigma para todos los cristianos. Este libro es una lectura que ayudará a todo aquel que quiera que la iglesia sea una comunidad segura para las personas con atracción del mismo sexo. Lo recomiendo también para todos los que quieran salir y venir a casa con el Padre.

Ian Toh
Pastor principal de 3:16 Church, Singapore
Co-Fundador de TrueLove.Is Ministry

A lo largo de los últimos 16 años hemos sido testigos de la unción que Dios le ha dado a Ken para demostrar la gracia a la gente que está en debilidad, animándoles y dirigiéndoles diligentemente hacia el Señor. En *Cómo Logré SALIR* Ken pinta una imagen de la gracia y el poder de Dios para traer un cambio final en áreas que a algunos les parece que no tienen remedio. Creemos que a través de este libro muchos comprenderán el valor de ayudar a salir de su estilo de vida a esta preciosa comunidad LGBTQ cuando lo requieran.

Lori and Barry Byrne, terapistas en matrimonio y familia.
Co-fundadores de Nothing Hidden Ministries
Autores de *Love After Marriage*

Sería sencillo poner distancia y colocar a Ken Williams en alguna categoría de protesta, alguien dedicado a corregir a los que están equivocados, un crítico del estilo de vida de otros, y un partidario de una "forma correcta" de vida inspirada por Dios.

Sé que quizás algunos ya lo habrán hecho, y quizás muchos más lo harán. Pero lo que quiero decir es que yo conozco a este hombre, y por lo que he conocido de él, tiene un deseo primordial: que todos los que entren en contacto con él o sean influidos por él o por las organizaciones en las que él sirve, se conviertan en la mejor persona que puedan llegar a ser en la vida y en su relación con Dios y con los demás.

La expresión específica de esto, en relación con este libro, ha sido una obra en curso, pero que está completamente alineada con mi experiencia de Ken. Él quiere que estés vivo completamente. Su travesía ha sido larga, y a veces dolorosa, pero siempre dirigiéndose a la misma dirección. Este libro expone ambos temas, y ayuda al lector en su propia travesía dirigiéndole para que pueda llegar a ser todo aquello para lo que fue creado.

La vulnerabilidad de Ken es una invitación para ti a ser honesto contigo mismo, su propio proceso es un anticipo del tuyo, y su resultado al descubrir identidad, intimidad con Dios, una vida en familia, y esperanza para el futuro de otros hermanos y compañeros del mismo viaje es una luz profética para todos los que tienen ojos para ver. Una luz que he visto crecer y brillar cada vez más constantemente.

Ken fue mi mentor, y luego trabajó para mí, y finalmente fue mi mano derecha en el desarrollo de un ministerio de impacto mundial. Cada uno de esos papeles fueron maravillosos y productivos en mi vida y en la de otros; pero Ken es, el amigo, el confidente confiable, el que no teme arriesgarse con su propia vulnerabilidad, al que recomiendo y respaldo. Puedes confiar en Ken con todo tu corazón, después de todo, él ya te ha confiado el suyo a ti.

Te animo, incluso antes de leerlo, a poner a Ken Williams en una categoría, en una "caja", como una clase de persona. Esa categoría, esa "caja", es sencillamente esta: a Ken Williams le importan profundamente las personas. Esta es una cualidad semejante a Cristo. Su corazón ha encontrado una voz, un objetivo, y un modus operandi. Su vida, este libro, y los que lo han acompañado a lo largo del camino son la evidencia. Pienso que en la medida en que vayas leyendo, te irás convirtiendo en una víctima, no del dolor ni de la confusión, ni de ninguna otra inaceptable experiencia, sino de un hombre que ha aprendido a lo largo de su travesía cuán amado es y cuánto quiere que experimentes lo mismo.

Paul Manwaring
Miembro del equipo de liderazgo principal de Bethel Church
Redding, California
Autor de *What on Earth is Glory?* y *Things Fathers Do*

Lo que estás a punto de leer es una historia de nuestro amigo Ken que decidió ser increíblemente vulnerable al hablarnos de su proceso referente a su sexualidad y su atracción al mismo sexo. Hemos observado que lo que una vez fue una batalla se ha convertido ahora en un llamado de luz en un mundo que redefine cada aspecto de la sexualidad. Su historia es una prueba de que cuando Jesús promete que te salvará, salvará cada parte de tu ser. Éste puede ser uno de los libros más importantes de nuestros días ya que se atreve a abordar el tema de la sexualidad con el poder de Jesús para todos aquellos que buscan la verdad.

Eric y Candace Johnson
Pastores principales de Bethel Church Redding, California
Autor (Eric) de *Momentum*

Mi primera conversación con Ken Williams sucedió alrededor de una mesa en una fiesta de cumpleaños de un amigo mutuo. Siendo yo un observador práctico, no me tomó mucho tiempo reconocer en Ken a un auténtico enamorado de Dios con una pasión para ayudar a la humanidad herida y malentendida. En *Cómo Logré SALIR* no solamente prueba que eso es cierto, sino que valientemente entrega su vida para la libertad de los demás.

David Crone
Líder principal de The Mission en Vacaville, California
Autor de *Prisoner of Hope* y *Decisions that Define Us*

CÓMO LOGRÉ
SALIR

KEN WILLIAMS

CÓMO LOGRÉ
SALIR

DEL MUNDO GAY A
SIGUIENDO A JESÚS

© Derechos Reservados 2021 – Ken Williams

Publicado Originalmente en los Estados Unidos por

Destiny Image. Una división de Nori Media Group. 167 Walnut Bottom Road, Shippensburg, PA. 17257, Estados Unidos de América, con el nombre de: The Journey Out

Esta traducción de The Journey Out se publica a través de un acuerdo con Destiny Image.

Todos los derechos reservados.

A menos que se indique otra cosa, las citas de las Escrituras han sido tomadas de Santa Biblia, NUEVA VERSIÓN INTERNACIONAL® NVI® © 1999, 2015 por Biblica, Inc.®

Usado con permiso de Biblica, Inc.® Otras versiones utilizadas:

RVA 2015 - Versión Reina Valera Actualizada, Derechos Reservado © 2015 por Editorial Mundo Hispano

DHH - Dios habla hoy ®, Tercera edición © Sociedades Bíblicas Unidas, 1966, 1970, 1979, 1983, 1996. Usada con permiso.

TPT - The Passion Translation®. Copyright © 2017, 2018, 2020 by Passion & Fire Ministries, Inc. Used by permission. All rights reserved.

Prohibida la reproducción parcial o total por cualquier sistema de impresión o digital, sin permiso escrito del editor; a excepción de citas breves y sin fines de lucro.

Traducción: Ángel Nava
Edición: Gabriel Acosta
Diseño: Pedro Barreto

NEXUS PUBLICACIONES
Corregidora, Qro. 76902 México.
Teléfono: +52 442 586 2866
Email: admin@nexuslibros.com
www.nexuslibros.com

Versión en español norteamericano publicada y distribuida por

Destiny Image International
167 Walnut Botton Road, Shippensburg, PA 17257
Teléfono: 1-800-722-6774
www.faithandflame.com

ISBN libro: 978-0-7684-7295-0

ISBN libro digital: 978-0-7684-7296-7

Impreso en América del norte
Printed in América del norte

DEDICATORIA

Este libro está dedicado a cada uno de los que están en conflicto por una atracción no deseada al mismo sexo, o que se encuentran desanimados por razón de la confusión de género. A Dios le preocupa tu dolor y tu aflicción. Si bien no puedo imaginar cómo será tu libertad dentro de algunos años, lo cierto es que Dios afirma que hará mucho más abundantemente de lo que le pudieras siquiera pedir o imaginar. Aunque sé bien que este proceso pudiera ser agotador, el Salmo 34:19 que dice *"Muchas son las angustias del justo, pero el Señor lo librará de todas ellas,"* me animó mucho en mi propio proceso. Oro para que puedas experimentar la fortaleza de Dios y te conforte en la medida en que transitas hacia la plenitud en Él.

RECONOCIMIENTOS

Quiero dar las gracias, especialmente a mi bella, graciosa y fiel esposa, Tiffany. Tu amor y tu valor, semejantes a los de Cristo, me introdujeron a una vida que nunca había soñado. Este libro no existiría sin ti.

Y también a los siguientes pastores y ministerios que me invitaron a entrar, y crearon lugares seguros para mí [en orden alfabético]: Mark y Rena Brookes, Barry y Lori Byrne, Hugh y Craig Cunningham, Ken y Donna Davies, Steve y Dawna De Silva, Bill y Krystal Grubbs, Barry y Margo Harwell, Eric y Sadie Hess, Bill y Beni Johnson, Ray Leight, Banning y SeaJay Liebscher, Paul y Sue Manwaring, Terry y Susan Moore, Mike y Celia Orand, Gary y Jennifer Paltridge, Bob y Claudia Perry, Mark Peterson, Jim y Heidi Roles, Dave y Karen Runyan, Danny y Sheri Silk, Randy y Tammy Skinner, John y Jill Stacher, Steve y Judy Swift, Kris y Kathy Vallotton, Roly y Shirin Worton, mi equipo de Revolución Moral, todo el liderazgo de Sojourn Church y de Bethel Church, ¡y muchos más!

A mi mamá y mi papá, Judy y Waymon Williams: Su sacrificado amor va mucho más allá de lo razonable. Muchos de los que comparten sus sentimientos homosexuales con sus padres se topan con una fría religiosidad o con una fiesta de bienvenida a un mundo alterno, pero ninguno suele estar equipado para satisfacer sus necesidades.

Pero yo me saqué la lotería. Ustedes se acercaron e hicieron suya mi lucha. Mamá, gracias por ser la mejor oyente sobre la Tierra y por hacer posible este libro. Papá, te extraño todos los días y estoy tan agradecido por haberme amado con tanta gracia cuando yo era un joven confundido.

A mi compañera de ministerio, Elizabeth Worning: Tu fe, tu corazón compasivo, tu sabiduría e intimidad con Dios son un enorme regalo para el mundo, del que he sido un constante beneficiado. No puedo imaginarme cómo hubiera recorrido este camino sin ti. Gracias por se socia, amiga y por tus contribuciones a este libro.

A la familias de Equipped to Love y de CHANGE: todos ustedes son un regalo para mí y para el mundo. Son mi inspiración constante. ¡Todo lo significativo que hemos hecho lleva sus huellas! ¡Los animo a todos ustedes!

Y a Abigail McKoy: gracias por tus brillantes aportaciones, tu corazón sensible, tus ideas brillantes ¡y por tu inmenso apoyo!

DESCARGO DE RESPONSABILIDAD

Este libro no constituye una fórmula o una varita mágica. Mi intención es que sirva como trampolín para una profunda vida en Dios. Toda nuestra esperanza de transformación se encuentra en nuestras relaciones personales con Jesús. Asimismo, con el afán de proteger las identidades de dos personas, he cambiado algunos detalles en dos ejemplos de mi vida personal.

"Prueben y vean que el Señor es bueno..."
—Salmo 34:8

ÍNDICE

Prólogo 23

Prefacio 25

Introducción 27

Capítulo 1   Diferente de los Demás Chicos 29

Capítulo 2   Crisis de Identidad 53

Capítulo 3   El Cambio es Posible 69

Capítulo 4   Vulnerabilidad 85

Capítulo 5   Rendidos 103

Capítulo 6   Relaciones 121

Capítulo 7   Identidad 139

Capítulo 8   Fe Perdurable 155

Capítulo 9   Visión 171

Capítulo 10   El Fruto de la Batalla 187

Capítulo 11	Un Ambiente que Ayude a Sanar. 201	
	Preguntas Frecuentes 215	
	Quién es Ken Williams. 237	

PRÓLOGO

Actualmente vivimos en una era en la que se ha creado una falsa narrativa por un espíritu político que pretende despojar a nuestros hijos de su semejanza de Dios (Génesis 1:27). El género y la sexualidad ahora se perciben variables; la masculinidad se ha vuelto confusa, desenfrenada e incluso se ve como al malo de la película; los muchachos no son capaces de madurar hacia una verdadera hombría; y las chicas se quedan sin defensores que les provean y las promuevan hacia su destino dado por Dios. Estamos siendo testigos de los efectos de lo que describo como una generación sin padres.

Contrario a la opinión pública, el mundo está desesperado por conocer que existe una razón para abrazar tu diseño divino (el sexo cromosómico y la orientación sexual), en vez de rechazarlo. Este es el poderoso mensaje ungido que Ken Williams nos presenta en su nuevo libro *Cómo Logré SALIR*.

Con una sinceridad a corazón abierto e irradiando valor, Ken nos expone lo que es vivir en los zapatos de alguien que batalla con la homosexualidad. Comparte sin malicia los más íntimos pensamientos de su proceso profundamente personal a través del pecado sexual, dándonos una posición de ventaja para ver lo que muchos dentro de la Iglesia se rehúsan a reconocer. Este muy oportuno libro basado en historias reales deja sin efecto los planes del espíritu político y, a través de sus páginas, proclama proféticamente que ¡el cambio es posible!

Como Ken, mi amigo de toda mi confianza, ¡estoy convencido de que no hay una sola persona en la faz del planeta para quien Dios no haya abierto un camino! *Cómo Logré SALIR* nos lo recuerda magistralmente, y va creando momentos con Dios en los que nos vemos envueltos en Su bondad y expuestos a Sus caminos. La vergüenza no podrá volver a atrapar tu corazón ni tu mente luego de que hayas explorado las bien escritas palabras, las impactantes preguntas, y las activaciones catalíticas que contiene este libro.

Es importante recordar que a lo largo de nuestras vidas tendremos muchos mentores (directa o indirectamente) que nos enseñarán lecciones esenciales de la vida; ése es el sello distintivo de la paternidad. Ken Williams rehusándose a darle la espalda a la generación sin padre, ha dedicado su vida a uno de los temas que más han dividido a los creyentes: la sexualidad. Creo que a través de su propio testimonio, Ken hace el papel de padre para miles de personas que van en el camino de la libertad y la plenitud.

Como dice Ken en su libro: *"Quizás hayamos abdicado de nuestra posición de autoridad en esta arena por razón del miedo y el deseo de control, pero Jesús nos ha llamado a hacer algo más. Solo los seguidores de Jesús pueden decir a alguien con plena confianza, ¡'Hay esperanza'!"* Ya sea que te estés cuestionando tu sexualidad, o seas padre de un hijo que batalla con un pecado sexual, o un líder que se rehúsa a darle la espalda a una generación desesperada por tener padres y madres, ¡que puedas encontrar esperanza y ánimo en estas páginas!

Kris Vallotton
Líder de Bethel Church
Co-fundador de la Escuela de Ministerio Sobrenatural de Bethel
Autor de trece libros, incluyendo *Inteligencia Espiritual*

PREFACIO

La homosexualidad es un problema profundamente personal para la gente. Hay quienes han perdido a sus esposas, esposos o hijos por aventuras extramaritales, o por enfermedades de transmisión sexual, por situaciones transgénero o por un suicidio. Hay otros más que tienen una lucha personal con una atracción no deseada por el mismo sexo. E incluso otros podrían sentirse heridos o incomprendidos simplemente por decir que la homosexualidad es un camino que elegí no recorrer.

Sin embargo, yo escribo este libro porque el mundo necesita conocer que Jesús ya pagó por esta área de dolor. No existe pena o tormento que Su muerte en la cruz y Su resurrección no hayan derrotado. Yo encontré mi transformación de la homosexualidad a través de la Iglesia, así que tengo la convicción de que ésta puede ser las manos y los pies de Jesús para aquellos que experimentan dolor en el corazón por una identidad sexual confusa. No fue algo que me sucediera de la noche a la mañana, pero Dios me liberó de la pornografía, la masturbación y la aplastante atracción sexual hacia los hombres y me dio en cambio un deseo sexual hacia mi esposa.

Es mi deseo que este libro catalice tu conexión con Dios, te arme con esperanza, y te dirija a lugares profundos donde Jesús desea encontrarse contigo con amor, gracia, ánimo o sanidad.

Dios no tiene motivaciones ocultas. Fue para la libertad que Él nos hizo libres, a ti y a mí.

INTRODUCCIÓN

Recuerdo perfectamente bien el miedo que tenía de adolescente de que una mujer no me excitara o que no pudiera tener un matrimonio exitoso con mi esposa. Parecía como si nadie pudiera jamás identificarse con mi humillante lucha personal, y menos aún ofrecerme ayuda verdadera. Este libro es el cumplimiento de un sueño que tuve por 20 años de que un día yo pudiera brindar a otros el ánimo por el que yo tuve que pelear por tantos.

Conozco a mucha gente que ha dejado atrás el LGBTQ, y lo que me queda claro es que Jesús ha estado trabajando en áreas similares en cada una de nuestras vidas: sanando nuestras heridas emocionales, sustituyendo mentiras que habíamos creído por la verdad, atrayéndonos a Él, y ayudándonos a construir relaciones de las que fluya vida.

Los tipos de libertad que he experimentado fueron resultado de haberme apoyado con todo el corazón en Dios y en las promesas de Su Palabra, entregándome completamente a Él, sin retener nada. En este libro subrayo las áreas principales de la vida espiritual en las que he visto al Señor encontrarse con personas que luchan con su identidad sexual. Y ofrezco el mismo consejo que me trajo victoria, a mí y a mis amigos.

Ya sea que busques plenitud y libertad para ti mismo o para un ser amado, este libro puede ayudarte. Te animo, no solamente a absorber la información, sino a invitar al Señor a guiarte en tu propio viaje en intimidad. En Él podemos encontrar todo lo que necesitamos.

Capítulo 1

DIFERENTE DE LOS DEMÁS

Me senté en el sillón y encendí el televisor. Acababa de dejar en su cama al niño de dos años al que estaba cuidando y sus papás tardarían un buen rato en llegar a casa. Comencé a cambiar los canales hasta que encontré una película y me dispuse a relajarme. Conforme avanzaba la historia, la película comenzó a atraparme. Una mezcla de terror y profunda curiosidad iba inundando mi cuerpo.

Era la historia de un joven amado por su familia, activo en su comunidad, y aparentemente feliz. Había algo extraño cuando trataba de encajar con sus amigos varones, pero él trataba de mostrarse contento. De pronto, la historia mostraba cuán miserable era él en realidad. A escondidas de su padre, el protagonista le reveló nerviosamente a su mamá su vergonzoso secreto: se sentía sexualmente atraído por otros hombres.

De repente saltó a la luz que todas aquellas interacciones con otros chicos en las primeras escenas de la cinta habían sido una elaborada actuación. Había estado tratando de integrarse a una cultura masculina a través del atletismo, creando una historia sexual ficticia con mujeres para poder encajar con los otros chicos. Pero como él explicó a su mamá con dramatismo, vivir una mentira era demasiado para él. Con lágrimas le dijo: "Soy *gay*. Es cierto, y cada vez se va haciendo más verdad." Aunque él no había tenido ningún encuentro sexual con hombres, le explicó que simplemente podía sentirlo. Su confusión interna se evidenció en su rostro cuando confesó cuán confundido y perdido se sentía. Escondiendo sus propias emociones, su mamá le aseguró con confianza que le conseguirían ayuda; que arreglarían eso juntos.

Yo estaba impresionado. No podía dejar de ver la película, ansioso por ver cómo era que este tipo iba a conseguir ayuda para su atracción hacia el mismo sexo y así poder escapar de su obvia angustia. Sin embargo, era más que una simple trama atractiva. Esta película estaba contando mi propia historia. El protagonista estaba poniendo en palabras exactamente cómo yo me sentía —yo también era diferente de los demás chicos. Su vergüenza y su angustia eran iguales a las mías. Fue el primer momento en mi vida en que sentí que podía verme reflejado en alguien, que no estaba solo en mi dolor y confusión, y que ese chico era *gay*. Mi propia vida se estaba desenvolviendo en la pantalla delante de mí. Estaba horrorizado.

El flaco

Al crecer, fui siempre el más flaco de mi grupo. Y para empeorar las cosas, parecía que yo había nacido con un don pastoral, prefería las conversaciones profundas y las conexiones de corazón a corazón por encima de las estereotipadas actividades masculinas. Mi papá realmente me amaba y disfrutaba estar conmigo, con mi mamá y con mi hermana. Pero por varias razones tenía problemas para conectar emocionalmente. Él amaba a Jesús, pero por alguna razón no expresaba su fe en Dios de la misma forma en que yo lo hacía, él tendía a evitar pensar en cosas tristes mientras que a mí me encantaba explorar las profundidades del corazón, y por su trabajo pasó mucho tiempo fuera de casa mientras yo crecí.

Mi papá podía darse cuenta, desde temprano, que yo no me sentía cómodo conmigo mismo, o en mis relaciones con otros chicos. Así que hizo lo que sabía hacer: me metió al karate, luego al fútbol, después al béisbol, y más tarde a los *Boy Scouts*. Él fue a casi todos mis juegos, encuentros, reuniones y campamentos para vitorearme y animarme todo el tiempo. Yo sabía que me amaba, pero eso no cambió el hecho de que no me desarrollaba bien en esas actividades. Nunca existieron recuerdos felices recorriendo el diamante luego de un jonrón, saludando a mi orgulloso padre que estaba en las gradas. Fue una lucha constante para mí. Calentaba la banca, recibiendo vez tras vez el decepcionante recordatorio de que no estaba a la altura del desafío de la masculinidad. Generalmente él estuvo allí conmigo en estos eventos deportivos, animando a su infeliz atleta; pero casi nunca me salí de allí sintiéndome con éxito o sintiendo que nuestra conexión hubiera crecido.

Mi papá no cumplía con el estereotipo de hombre hosco; en realidad generalmente él era amable y atento, con una apariencia muy masculina, y le encantaba cazar, pescar y acampar. Yo era su hijo flacucho que no tenía ningún interés en el fútbol y le daban alergia las actividades al aire libre. A mí me encantaba charlar con la gente y aprender de sus pensamientos y sentimientos más profundos. Y tenía hambre por crecer espiritualmente. Tuve una impactante experiencia de salvación a los ocho años, y mi amor por Dios fue profundo. Estaba en busca de alguien que pudiera convertirse en un modelo espiritual para mí, pero no encontraba a ningún hombre en mi iglesia que, desde mi perspectiva, buscara apasionadamente a Dios.

Sin embargo, sí encontraba mujeres que querían hablar acerca de su fe y tener ese tipo de charlas profundas entre ellas. Los hombres que observaba yo en la iglesia parecía que más bien querían mantener conversaciones superficiales y que se centraban alrededor de los deportes. Y así fue como terminé charlando con mi mamá y sus amigas, a veces por horas. En la escuela, interactuaba con las niñas de mi edad. Ellas no estaban muy preocupadas por mi estatura o mis destrezas atléticas. Yo podía ser, para ellas, el chico gracioso o el inteligente, que siempre tenía una broma ingeniosa o un comentario interesante. Ciertamente, no estaba ganándome ningún corazón, pero tampoco me rechazaban.

Apodos

Ninguno de estos atributos contribuía en mejorar mi situación con los demás chicos. Me convertí en víctima de sus bromas crueles por causa de mis diferencias. En la medida en la que los jóvenes a mi alrededor comenzaban a presumir sus músculos proverbiales, explorando su masculinidad en su entorno social, yo iba alejándome cada vez más de ellos. Cuando iba de camino a casa de la escuela primaria, iban surgiendo los apodos crueles y humillantes. Algunos chicos me gritaban "¡Allá va el gay!" o "¡Adiós enano!" o "¡Qué tal marica!" No se burlaban solamente de un atributo físico mío, como unas piernas delgadas o un gracioso peinado; sino de mí misma identidad masculina. Empecé a recibir el mensaje de que yo era menos que ellos, que no era suficiente hombre, y que yo era alguien a quien le gustaría tener sexo con otros hombres. Todo lo que quería hacer era esconderme, y evitar a los demás chicos a como diera lugar. Yo sabía que yo no era una niña, pero también fui siendo consciente de que no era como los demás chicos. Ellos lo habían dejado muy claro.

Conforme fui creciendo, mis experiencias con la sexualidad fueron confusas, por decir lo menos. A los ocho años, un chico que me cuidaba abrió la página central de una revista pornográfica y me enseñó la foto de una mujer desnuda. "¿No te calienta esto?" me preguntó. *Parece que **no** me excita, pensé, sea lo que sea que eso signifique. ¿Y qué dice eso de mí?"*

Yo tenía ocho años y no sabía por qué no tenía la reacción a esa foto que él esperaba. Todo lo que yo entendía era que, a los ojos de este chico genial, mayor que yo, de alguna manera había fracasado a una muda prueba de masculinidad.

En la casa de otro chico, unos amigos y yo encontramos unas revistas pornográficas debajo de la cama de sus papás. De un lado de la cama había pilas de *Playgirl*, y del otro lado, de *Playboy*. Las sacamos curiosos por lo que contenían, para ver las fotos que tenían. Cuando comencé a ver las fotos de hombres desnudos en *Playgirl*, una de las niñas que estaba en el grupo se dio cuenta, y me dijo: "¡Oh!, así que a ti te gusta ver a los hombres, ¿verdad?" Yo estaba mirando a los dos, como hacían los demás niños, pero el comentario atravesó mi corazón. Pensé, *¿Por qué **estaba** yo viendo esa revista? ¿Y qué tal si hay algo mal en mí?*

No mucho tiempo después, estaba jugando con algunos amigos en un parque cercano y uno de los otros niños encontró una caja escondida entre el césped. Al abrirla encontramos un montón de pornografía gay hardcore. Vi hombres orinando unos sobre otros, y teniendo sexo anal y oral unos con otros. Yo ni siquiera tenía idea de que estas actividades formaban parte del ámbito de la experiencia humana. Me trajeron confusión como hombre, con mi propio cuerpo, e incluso con el mismo mundo en el que vivía. Al irme de allí, me sentí literalmente dañado. Después de eso, uno de los chicos comenzó a tener algunos juegos desnudo y toqueteos inapropiados conmigo.

33

Durante los siguientes meses, cada vez que regresaba a la casa de mis amigos, sentía curiosidad por el mundo sexualizado que podía volverse a abrir allí en cualquier momento. Recuerdo bien que cada vez que llegaba a esa casa me sentía excitado. Algo que no podía explicar se había despertado en mí. Me sentía muy sucio.

Cuando tenía como ocho o nueve años alcancé a escuchar a una amiga muy respetable de la familia hablar sobre sexo. Ella decía que ojalá, Dios no hubiera creado el sexo porque al final terminaba complicando las cosas. Proponía que fuera mejor que pudiéramos librarnos de él porque solo causaba un montón de problemas. Yo tomé esa información y llegué con ella a algunas conclusiones: el sexo era para gente que no estaba apegada a Dios, y por eso, para no ser uno de ellos, no debería tener sexo jamás; así que opté por no participar de plano en eso. Una decisión fácil de tomar cuando aún no has experimentado un impulso sexual.

El ciclo del juicio

A los diez años, inconscientemente había llegado a ciertas conclusiones sobre la masculinidad: los hombres son insuficientes. No son tan espirituales, no son tan capaces, no pueden siquiera participar en una conversación profunda, son torpes e insensibles, y están menos apegados a Dios que las mujeres. Los hombres son inferiores y, decidí, que el sexo era malo, Jesús no tuvo sexo. Pablo escribió que era mejor permanecer célibe si podías controlarte. Pero sin ser consciente de ello, interiormente hice un voto: yo no iba a ser como otros hombres. Iba a ser mejor que ellos. Sería como Dios. Y dispuse todo mi ser para que fuera así.

La Biblia dice, *"No juzguen a nadie, para que nadie los juzgue a ustedes. Porque tal como juzguen se les juzgará, y con la medida que midan a otros, se les medirá a ustedes."* (Mateo 7:1-2). Viéndolo en retrospectiva, me queda claro que este principio bíblico estaba operando en mi vida y me predispuso para experimentar atracción por personas del mismo sexo. Debido a que no me sentía cómodo con, o seguro alrededor de otros hombres, los juzgaba. Era como me protegía a mí mismo. Juzgarlos, aparentemente, me daba permiso para ejercer la masculinidad de forma diferente, a mi manera. Pero entre más juzgaba a otros hombres, más desconexión y distancia sentía de ellos. El juicio se estaba volviendo contra mí.

Lo mismo hacía con toda la idea de tener sexo. Desde donde yo lo veía, se veía animal, bárbaro y separado de Dios y, por lo tanto, difícil de visualizarlo para mi propia vida. Parecía mucho más fácil juzgar el sexo como algo inferior a mí, así que también lo juzgué, como juzgué la masculinidad. Pero esta arrogancia, o juicio del diseño de Dios de la identidad y procreación, terminó por dejarme aún más aislado. Confiaba casi completamente en mi intelecto y humor para sortear las situaciones sociales con mis compañeros en la escuela y sentirme conectado y conocido por los demás. Finalmente opté por dejar completamente la masculinidad. Decidí ser simplemente "una persona" en lugar de ser un hombre. Fue mi manera de evitar toda la presión y tratar de sobrevivir.

A pesar de estos esfuerzos por llevar pacíficamente mi vida, me sentía descompuesto, confundido y solo. Mis compañeros, hombres, cada vez me rechazaban más, y en el mundo alrededor de mí parecía que solamente había lugar para las personas que se presentaban, ya fueran claramente masculinos, o claramente femeninos. La sociedad tenía ciertas expectativas de mí como hombre y podía sentir su peso a lo largo del día: cuando entraba a los vestidores de hombres, en el baile de séptimo grado, o en la clase de gimnasia, o cuando presenciaba a un chico faltar el respeto a un grupo de chicas. Hasta algo tan sencillo como comprarle un paquete de goma de mascar al dependiente de la tienda me hacía sentir confrontado con las expectativas sobre mi papel masculino. ¿Me paraba de la manera correcta? ¿Mis palabras sonaban afeminadas? ¿Diría él que yo no calificaba para un rol masculino? Desde mi perspectiva, vez tras vez los decepcionaba.

En mi cabeza, el verdadero yo era tan detestable que no podía dejar que nadie me viera por completo. Y así, sentía como si nadie realmente me conociera. Estaba solo hasta la médula.

¡Y en eso hace su aparición la masturbación! Al comienzo de mi adolescencia accidentalmente descubrí esta increíble herramienta para anestesiar brevemente mi dolor. Por unos momentos podía sentir alivio de la constante agonía interior. Pero tan pronto llegaba el alivio, se iba. Y volvía a estar en mi dolor. Así fue como comencé a echar mano de la masturbación todos los días, muchas veces al día. Viendo hacia atrás, puedo ver ahora que era como un mecanismo de supervivencia, pero en el momento todo lo que yo podía sentir era culpa y vergüenza. A pesar de esto, mi adicción continuó y, aunque en incontables ocasiones intenté dejarla, nunca pude lograrlo.

Conforme fui creciendo, mi distanciamiento de los demás varones fue dejando un vacío de masculinidad en mi vida. Me alejé de los hombres, y ellos se alejaron de mí. Comencé a moverme más y más lejos de los hombres y más cerca de las mujeres, que no parecían esperar que yo fuera diferente de cómo era. Sentía la feminidad más cómoda y familiar. Aunque por el otro lado, la masculinidad se convirtió en algo exótico y ajeno, y pronto se me comenzó a antojar. Permíteme explicarlo.

Desde que estaba en primer grado desarrollé una serie de relaciones dependientes, y a veces co-dependientes, con otros varones. La codependencia se entiende como "un problema sicológico en el que una persona que manifiesta una baja autoestima y un fuerte deseo de aprobación tiene un vínculo no saludable con otra persona y coloca las necesidades de esa persona antes que las suyas propias." En su forma más extrema, se vuelve difícil para el individuo ver siquiera dónde comienza su propio ser y dónde termina la otra persona. No se trataba en mi caso de relaciones sexuales, más bien eran evidencias de que yo tenía hambre de masculinidad, de conectar con ella. Así fue como encontré al chico más popular, más fuerte, más seguro de sí mismo, y en mi deseo de ser como él, me uní a él. No podía hallar este tipo de masculinidad dentro de mí, así que necesitaba descubrirla afuera.

Pero en ninguna ocasión pasó por mi cabeza "creo que debería ser gay." Nunca me pasó por la cabeza, ni fue una opción para mí. Yo fui a la escuela en los 80's. No recuerdo haber conocido a una persona que fuera gay. Así que cuando me senté en aquel sillón, viendo aquella película, sentí como si un terrible rompecabezas comenzara repentinamente a tomar forma delante de mí. Como lo mencioné anteriormente en mi historia, el protagonista, un muchacho aproximadamente de mi edad que había experimentado el mismo rechazo, el mismo dolor y la misma confusa atracción hacia los hombres, se declaró homosexual. Yo estaba pegado a la pantalla cuando él fue con un siquiatra deseando resolver su no deseada atracción al mismo sexo. Vi cómo él le dijo a su familia y la relación con su papá se deshacía. Y luego, con una profunda desesperación, comprendí que el protagonista no iba a recibir la ayuda que estaba buscando. No había nada que el siquiatra pudiera hacer. Sin embargo, el mensaje de la película era: "Esta es la forma como fuiste hecho. Todos necesitan ajustarse y acostumbrarse a ella."

Pero esto sucedía en los 80's. No se veía bien ser gay; no era chic. Ser gay quería decir que había una gran letra roja pegada en tu camisa. Pero de pronto, en la medida en que iba viendo mi vida reproducirse en la pantalla, creí que yo era gay. El primer momento en mi vida en que pude sentir que alguien más podía identificarse totalmente conmigo -con mi rechazo, mi humillación y mi confusión- fue ese mismo instante en que me estaba dando cuenta de que mi identidad era algo totalmente prohibido y no deseado por mí. Él era gay, y yo era gay. Me inundaba la desesperanza y un pánico que lo consumía todo.

Conectado completamente con el personaje de la película, comencé a caer en desesperación. ¡Yo no quería ser gay! No era una vida que yo sintiera que Dios aprobara o que hubiera planeado para mí. No deseaba verme involucrado en una relación sexual con un hombre. Yo había crecido en una iglesia y le había entregado mi vida a Jesús. Aún no lo había encontrado completamente, pero tenía una fe genuina y un deseo de agradar a Dios y vivir rectamente. En ese momento nadie en mi vida estaba hablándome sobre la libertad o la redención. Los únicos mensajes que había escuchado de la iglesia era que los homosexuales eran horribles, que eran pecadores, y que definitivamente se irían al infierno. A mi entender, la gente con atracción al mismo sexo representaba la peor versión posible de la humanidad y, si los cristianos eran realmente honestos, sería mucho mejor para todos que ni siquiera se acercaran.

"El aguijón de la carne," le llaman

Yo sabía que una vida de sexo gay no era lo que yo quería, pero mi obsesión hacia otros chicos y mi atracción hacia el mismo sexo continuaba. A lo largo del camino, aquello se volvió sexual. Una noche, fui a dormir a casa de un amigo que se había convertido en mi más reciente fijación. Esa noche en particular, compartimos la misma cama y, sin aviso alguno, él metió su mano debajo de mis pantalones.

No era la clase de progreso que yo mismo hubiera querido debido a las convicciones que tenía acerca del pecado sexual, pero yo estaba tan emocionalmente necesitado que una parte de mí estuvo a punto de estallar de emoción. Mi propia necesidad de afirmación positiva era tan grande que, cuando él me tocó, mi primer pensamiento fue: *hay una persona que me valora lo suficiente como para tocarme, y este impresionante tipo me está buscando*. Luego de años de sentirme deficiente y repulsivo, su afecto y validación parecía ser imposible de rechazar. Y, además, se sentía tan bien.

Durante meses nos enrolamos en sesiones de mutua masturbación. Una parte de mí se sentía eufórica porque finalmente alguien quería estar cerca de mí. Había encontrado a un varón que me gustaba y a quien admiraba, y que no se avergonzaba de mí. Él verdaderamente tenía deseos de tocarme y de estar conmigo. Pero al mismo tiempo, me consumía la culpa. Yo sabía bien lo que la Biblia tenía que decir sobre la homosexualidad y la fornicación. Pero el deseo de afecto de un auténtico e impresionante hombre sobrepasaba el miedo al castigo. Hacía un verdadero esfuerzo para no permitirme pensar en lo que Dios podría estar pensando de mi pecaminosa conducta sexual porque yo no tenía la solución. Todo lo que yo sabía era que un tipo más grande, más fuerte y atractivo me apreciaba, me veía y me buscaba. Sabía que ésta no era la clase de vida que Dios tenía para mí, pero me sentía incapaz de liberarme de aquellos recurrentes encuentros sexuales, que eran seguidos siempre de una gran vergüenza. Afortunadamente, nos mudamos y la relación terminó. El ciclo repetitivo se había roto, pero con ello, también se rompió mi fuente de afirmación positiva e identidad.

Después de varios años mi experiencia con la atracción al mismo sexo se volvió apabullante. Los sentimientos de desesperanza y vergüenza habían crecido. Sin saber a dónde más ir, finalmente me dirigí, disfrazado, a una librería cristiana. Me horrorizaba la sola idea de que alguien fuera testigo de mi lucha y, en el mundo antes del internet, no había manera de encontrar esos recursos en la privacidad de tu hogar. Así que cubrí mi rostro con la visera de mi gorra y entré. Sumergido entre los pasillos, traté de encontrar alguna ayuda para mí. Pero por ningún lado en los anaqueles había un solo libro acerca de la homosexualidad.

Finalmente, en un libro enorme de esos que hablan de "todo lo que podría estar mal en ti", encontré una media página sobre el tema de la homosexualidad. Con un lenguaje práctico, me decía que si yo estaba luchando con la atracción del mismo sexo, debía considerar que se tratara de mi "aguijón de la carne". Y continuaba con algo como: "Dios te lo ha dado para tratar con él el resto de tu vida. Tú eres responsable, sin embargo, de levantarte por encima de la tentación y nunca actuar en tus sentimientos sexuales. Solo tendrás que apretar los puños. Así que, buena suerte. Pero para ayudarte en este proceso, necesitarás desarrollar una relación de toda la vida con un consejero cristiano, que terminará costándote algo así como $250,000 dólares."

En ese tiempo yo tenía 17 años, y ganaba $3.35 dólares por hora como ayudante de camarero. ¡Yo no tenía un cuarto de millón de dólares para ponerlos a trabajar en mi desarrollo personal! Yo había entrado a la librería cristiana esperando encontrar sabiduría del cielo para ayudarme a vencer mi batalla con la homosexualidad. Pero en vez de eso, todo lo que había encontrado había sido consejos y recomendaciones de una mayor autosuficiencia y esfuerzo que no traían ningún remedio. Dios no iba a venir por mí. Salí de allí considerando el suicidio.

Yo estaba tan aislado de los demás varones en el bachillerato que tenía ansias de atención y conexión. Había desarrollado para entonces una nueva codependencia, esta vez enfocada en mi pastor de jóvenes. Él era atlético, un poco mayor que yo, y apasionado en su búsqueda del Señor. Un verdadero evangelista. Yo admiraba mucho su vida orientada hacia Dios. Así que me convertí en el más dedicado de los jóvenes de su grupo. Mi deseo de ser espiritual era genuino, y él respondió a mi sincera pasión por Dios con afirmación, atención, y una guía espiritual. Yo chupaba aquello, desesperado por llenar los déficits de mi corazón.

No me incomodaba que fuera casado o que no tuviera idea del peso que estaba poniendo sobre él. Hacia el final del bachillerato yo estaba experimentando una confusión emocional. Estaba tan desesperado y tan solo en mi lucha que sentía que iba a perder mi capacidad de tratar con la realidad. Me sentía totalmente fuera de control, y dejé de poder ver un futuro para mí. Había tal batalla emocional dentro de mí que sentía que iba a deshacerme. Y las únicas ocasiones en que me sentía bien eran en la presencia del pastor e, idealmente, cuando recibía atención directa de parte de él. Me volví completamente dependiente de él para mi bienestar mental y emocional. Si no recibía suficiente atención, la buscaba por mí mismo. Estaba en tal nivel de obsesión que manejaba media hora al otro lado del pueblo para sentarme en mi coche afuera de su casa solo para poder sentirme un poco más cerca de él. Pero obviamente no hay ninguna conexión significativa sentado afuera de la casa de alguien, así que pronto comencé a buscar otras maneras de captar su atención. Vivía una fantasía diaria recibiendo afirmación de él, y no creo que él tuviera la más mínima idea.

Llegar limpio

En mi desesperación de hallar alivio, comencé a considerar formas de terminar con mi vida. No era que realmente quisiera matarme. Solo ya no quería seguir viviendo. La vida era demasiado difícil. Así que, imaginaba maneras de terminar con mi vida que, técnicamente, no fueran mi culpa. Como, ¿qué tal que mi coche simplemente no se detuviera a tiempo en una intersección y se quedara a mitad del tráfico? De esa forma mi familia no tendría que vivir con un suicidio en sus conciencias. Pero entonces me daba cuenta de que yo tampoco quería que el accidente de tráfico lastimara a otras personas. No sabía qué hacer. Así que en un esfuerzo por encontrar alivio de la batalla en mi mente, yo, un estudiante en el cuadro de honor, comencé a faltar a clase y a bajar mis notas. Quería hacer todo lo posible para minimizar la presión y las expectativas sobre mi vida.

Unas cuantas semanas después de no haber encontrado esperanza en la librería, todo comenzó a hacérseme demasiado pesado de sobrellevar. Estaba horrorizado con la idea de que hubiera algo sumamente mal en mí, y mi incapacidad de encontrar algún camino positivo se había convertido en algo más grande de lo que yo podía llevar por mí mismo. Así que bajé al sótano de nuestra casa y escribí nueve páginas llenas de odio, vulgaridad y dolor. Falté a la escuela al día siguiente, me aparecí de improviso en la iglesia y le entregué mi escrito a mi pastor de jóvenes. La leyó un poco después en el automóvil en el *drive-thru* de McDonald's, mientras yo permanecía petrificado en mi asiento. Finalmente volteó y me dijo con indiferencia, "Bueno, Ken. Tú no eres gay."

Me quedé mirándolo fijamente. *¿Qué?, pensé, ¿Cómo es posible que alguien lea esa carta y llegue a esa conclusión? ¿Qué parte de "los hombres me atraen sexualmente" no entendiste?*

"Vamos a decírselo a tus papás", añadió. Y allí fue donde me llené de pánico.

"Hay muchas cosas que podemos hacer el día de hoy, pero esa no será una de ellas," le dije. Pero él insistió y -muy adentro de mí- sentí alivio. Por años yo había querido decírselo, pero estaba asustado, asustado de lo que iban a pensar de mí y asustado de echar a perder mi familia. Pero al fin mis padres lo sabrían, y al menos yo no estaría solo llevando el peso de todo esto. Sin embargo, yo no tenía idea de cómo iban a reaccionar. Yo sabía que me amaban profundamente, pero estábamos fuertemente influenciados por algunos ministerios e iglesias muy estrictos y enfocados en las reglas. En mi comprensión de Dios no había lugar para la gracia. Mi familia se había esforzado mucho en vivir correctamente, y yo sabía que lo que iba a decirles iba a golpearles. Pero finalmente, no tenía opción. Ya lo había sacado, y mi pastor había tomado las riendas de la comunicación.

Cuando llegó el día de hablar con mi mamá y mi papá, yo estaba hecho un manojo de nervios. En ese tiempo mi hermana tenía solamente 13 años, así que le pedí que se quedara en su cuarto porque yo tenía algo muy doloroso que hablar con nuestros papás. "No salgas," le supliqué, "no importa lo que escuches." Mi pastor finalmente llegó, y los cuatro nos sentamos alrededor de la mesa del antecomedor. Él inició la conversación para ayudarme, y entonces yo vacié mi corazón delante de ellos. Saqué allí años de dolor y confusión mientras explicaba mi lucha interior oculta, el pecado sexual y la desesperanza que me dominaba. Durante horas estuvimos sentados alrededor de aquella mesa y hablamos. Nunca voy a olvidar ver a mi mamá y a mi papá llorar por mi dolor. No hubo ira, solo tristeza y preocupación por el temor y el trauma que yo había estado llevando a cuestas.

Finalmente, mi papá me preguntó, "¿Y qué quieres, Ken? ¿Quisieras llevar ese tipo de vida?"

"No," le dije, "nunca he deseado vivir una vida gay."

"OK, entonces vamos a buscarte ayuda." Y al fin, en ese instante, pude respirar. Al menos ahora había una esperanza de que mi futuro fuera digno de ser vivido.

Por fin, no tenía que llevar solo el peso de mi ansiedad y de mi dolor emocional. Mis padres ahora estaban en mi equipo. Iba a tener ayuda. A partir de ese momento, comencé a hablar profundamente con mi mamá y cada vez más con mi papá también. Compartí con ellos, finalmente, la profundidad de mis luchas y mi dolor. Me sentía tan bien por no tener que lidiar con todo eso yo solo. Fui liberado del confinamiento solitario y puesto en libertad ante una larga senda hacia la transformación. A pesar de lo disruptivo que fue esto para la vida de mi familia, también abrió una puerta una necesidad de sanidad emocional y relacional más profunda entre todos nosotros. Mi familia cambió. Mientras que antes no hablábamos mucho sobre cosas emocionales y del corazón, ahora no nos alejábamos de los temas sensibles. Mi búsqueda de una solución para mis problemas de identidad sexual catalizó a mi familia para hacer conciencia de cosas relativas a su propia situación emocional que anteriormente se habían ignorado. Comenzó una revolución en nuestra familia, y por primera vez sentía esperanza.

Espera un momento, ¿Dios es realmente bueno?

Comencé a reunirme regularmente con un consejero cristiano, poniendo lentamente el cimiento de la transformación mientras me preparaba para la universidad. Yo no estaba completamente libre de mis deseos de atracción sexual hacia el mismo sexo, pero la posibilidad de ser libre era tentadora por sí sola.

En una fiesta en la universidad, apelando a (mi mala aplicación de) la gracia de Dios, en 20 minutos me tomé cinco cervezas, y me desmayé. A la mañana siguiente, todavía recuperándome de la noche anterior, comencé a presentar una especie de regurgitación estomacal ácida que nunca antes había experimentado. Tenía acidez constante e incluso un poco de daño en mi esófago. Fue horrible, día y noche, y no se acababa. Tomé antiácidos, me recetaron medicamentos, e hice gastar miles de dólares a mis padres en gastroenterólogos y en clínicas de bienestar holístico. Pero después de cinco años de continuo dolor nadie podía decirme qué era lo que estaba mal. Una prueba de alergias reveló que yo era alérgico a casi todos los alimentos principales, convirtiendo a la comida en un desafío caro y difícil de alcanzar. Mi dieta consistía en puerco, espárragos y otras extrañas fuentes de proteína como el búfalo. A pesar de seguir esta nueva dieta de locos, seguía sintiéndome miserable, y me sentía demasiado enfermo para mantenerme en un trabajo. Como asiéndome a un clavo ardiendo, acepté participar en una prueba experimental en una clínica para ver si quizás una hernia estuviera causándome ese dolor. Se suponía que deberían poner unas gotas de ácido clorhídrico en mi esófago. Pero en vez de eso, un distraído interno me inyectó todo el contenido de una jeringa grande de ácido. Me desmayé de inmediato. Me revivieron con oxígeno y me enviaron de vuelta a casa con narcóticos para entumecer el dolor. Durante semanas, solo a ratos estuve consciente mientras trataban de lavar mi estómago para que pudiera retener algún tipo de alimento. Me levantaba, trataba de comer algo, vomitaba, y me desmayaba de nuevo. Estaba en una condición terrible, y no mejoraba.

Un día, un antiguo compañero de habitación, Brian Kelly, me llamó de la nada. Me contó que estaba asistiendo a Rhema, la escuela bíblica de Kenneth Hagin, y solo quería saber cómo estaba. Le conté de mis problemas de salud y me dijo algo que me sorprendió: "Amigo, Dios no te quiere enfermo."

"Perdón, ¿qué?" Yo había crecido con la idea de que todo lo que sucede en la tierra era la voluntad de Dios. Le dije que muchas gracias, pero que yo nunca había oído nada como eso, y había asistido a la iglesia toda mi vida.

Él me respondió: "Bueno, es que has estado yendo a las iglesias equivocadas." Eso picó mi curiosidad. Aunque era muy bueno saber que Dios no quería que yo sufriera de esta forma, parecía demasiado bueno para ser cierto. En ese momento, sin embargo, mi vida estaba dominada por el dolor y la enfermedad, así que, cuando Brian se ofreció para orar por mi sanidad, yo pensé, *¿Y qué puedo perder?*

Decidimos vernos a mitad de camino, en la casa de mis papás en Oklahoma. Después de casi quedar atrapado en una terrible tormenta de hielo, finalmente llegué. Mi papá había salido de la ciudad, pero mi mamá sí estaba, y mi hermana había venido desde Waco, Texas, para verme. Brian había dicho que no oraría por mí hasta que yo creyera que Dios quería sanarme. Creo que pensó que tenía mucho trabajo por hacer con nosotros porque comenzó contándonos testimonios para ayudarnos a aumentar nuestra fe.

Brian contaba testimonio tras testimonio de sanidades milagrosas de su tiempo en la Escuela Bíblica Rhema. Y mi mamá, mi hermana y yo le hacíamos preguntas. "Si Dios sigue sanando física y sobrenaturalmente a la gente, ¿por qué no oímos esas historias en CNN? Y, ¿por qué estoy escuchando todo esto hasta ahora? ¿No suena demasiado bueno para ser verdad?"

Esto continuó durante día y medio. Justo después de la medianoche del 4 de febrero de 1996, Brian y yo estábamos sentados en el sillón viendo un programa de noticias cristianas llamado el Club de los 700, cuando le pedí una lista de Escrituras que hablaban de sanidad que él me había enseñado. Él me pasó las cuatro páginas compiladas por el pastor Keith Moore que había recibido en su escuela: 101 Escrituras de Sanidad. Comencé a leerlas. *¿Es la sanidad física realmente bíblica y aplicable el día de hoy?* Me pregunté.

Leí Isaías 53:4: *"Él estaba cargado con nuestros sufrimientos, estaba soportando nuestros propios dolores. (DHH)"* Una nota al final del versículo decía que "sufrimientos" podía también traducirse como enfermedades, e incluía una referencia a Mateo 8, así que fui a revisarlo y leí acerca de Jesús sanando a todos los que estaban enfermos, y en el versículo 17 encontré que dice: Esto sucedió para que se cumpliera lo dicho por el profeta Isaías: «*Él cargó con nuestras enfermedades y soportó nuestros dolores*». Algo se acomodó, y una sonrisa iluminó mi rostro. Jesús estaba haciendo hincapié en que la sanidad física está incluida en Su redención, lo que Isaías había profetizado que sucedería. El sacrificio de la muerte de Jesús, no solamente había pagado por mis pecados, ¡sino que también me había provisto sanidad física! Y dado que el poder de la redención está disponible para todos, ¡entonces también está al alcance de mi mano!

Volteé a ver a Brian, sonriente, "pienso que creo que Dios quiere sanarme."

Brian trajo a mi mamá y a mi hermana, y todos pusieron sus manos sobre mí. Él oró y le ordenó al espíritu de enfermedad que me dejara. Cuando dijo eso, mi estómago comenzó a agitarse, haciendo ruidos, y empecé a sentir que las cosas estaban cambiando físicamente. En cierto momento sentí lo que solo puedo describir como un espíritu de caos que estaba siendo expulsado de todo mi cuerpo, incluso de las yemas de mis dedos y acumulándose a lo largo de mi columna. Entonces, como si mi historia no fuera lo suficientemente extraña, Dios agregó el elemento sorpresa: comenzó la fiesta de gases.

Durante las siguientes cinco horas estuve tirándome gases y más gases. Si Guinness rastreara esas cosas, seguro hubieran detectado los gases y me hubieran llamado. Es cómico pensar que esta fue la evidencia de un milagro, al punto que cada vez que tiraba un gas, mi mamá levantaba sus manos y decía: "¡Alabado sea Dios!" Durante cinco años mi cuerpo se había estado inflamando y, cada vez que sacaba gas yo sentía que, cualquiera que hubiera sido la enfermedad que había tenido, se estaba drenando como el agua de un fregadero tapado. Estuvimos despiertos toda la noche los cuatro, adorando a Dios con el himnario Bautista. A cierta hora me dio hambre, y mi mamá me preparó una papa horneada llena de todo tipo de alimentos que se suponía que no debía comer. Pude tragar todo con facilidad, y por primera vez en cinco años, pude comer sin ningún dolor ni nauseas.

A la mañana siguiente, cuando me desperté, el dolor estaba de vuelta, y esta vez era peor. Totalmente desanimado quería que me dejaran solo, pero Brian fue insistente; "Se trata de un espíritu, Ken. Ordénale que te deje ahora mismo. Dilo en voz alta." Lo hice, y el dolor me dejó. Y a los 30 segundos volvió. Así que lo repetí una y otra vez, peleando por mi sanidad durante todo un mes. Pero a lo largo de ese tiempo el Señor me estuvo disciplinando para construir mi fe, plantado en Su Palabra, y manteniendo la sanidad sobrenatural que me había dado. A partir de ese momento mi vida espiritual detonó. Comencé a experimentar a Dios de nuevas formas y a sentirme más cerca de Él de lo que lo había sentido antes. Fui libre de todos los medicamentos y dejé de sufrir con problemas en mi estómago o en mi sistema digestivo.

Y hubo algo más que me fue depositado a través de ese milagro: de pronto supe por mi propia experiencia que Dios era bueno, que me amaba, y que quería que yo fuera sano. A pesar de que yo me había buscado esta severa enfermedad con mi propia borrachera, Él me había sanado. Me había buscado con Su amor hasta que fui completamente libre. Me di cuenta de que, si Él decía que estaba mal la homosexualidad, ¡entonces Él debía tener también una solución para este desafío! Y comencé a anticipar Su milagrosa intervención en cada área de mi vida.

Empecé a buscar todas las facetas de Dios, yendo a servicios en iglesias que buscaban la sanidad física y las manifestaciones del poder del Espíritu Santo. En ese proceso, comencé a ver cada vez más y más del poder y del interés de Dios en mi vida y, por eso, me percaté de que podría haber algún elemento diabólico en mis problemas de identidad. Sabía que tenía que trabajar con el dolor y el rechazo, pero me preguntaba si un espíritu diabólico podría estar influyendo sobre mí. Así que empecé a buscar ministerios de liberación, y con toda certeza, me di cuenta de que algunas de las cosas que ya había experimentado habían sido por influencia del enemigo, haciéndome creer mentiras sobre mí mismo. Salí de una de esas sesiones libre del peso de algunas de esas mentiras y, literalmente, con una pulgada más de estatura. Los ataques de ira con los que había lidiado dese que era niño repentinamente me dejaron, y fui completamente libre de ellos.

En una ocasión, a medianoche, tuve un serio encuentro con un demonio en mi habitación. Vi un corazón deforme al lado de mi cama. Pero estaba lejos de ser la imagen de un corazón feliz. Este corazón era oscuro y baboso, algo grotesco. Me percaté de que lo que Dios estaba mostrándome era un espíritu de perversión. Era como si estuviera viendo al hombre patético y mugriento que estaba detrás del telón moviendo los hilos. Era una criatura repugnante. Fue reconfortante darme cuenta de que mi batalla no era solo personal; también era una batalla espiritual. Comencé entonces a buscar la presencia de Dios por encima de cualquier otra cosa, y comencé a experimentar una sexualidad diferente.

Me hubiera gustado decir que mis desafíos terminaron de la noche a la mañana, pero no fue eso lo que sucedió. La batalla contra lo demoníaco fue solamente una parte de mi lucha personal, y encontrar la completa libertad fue progresivo. Tuve altas y bajas en la medida en que iba aprendiendo acerca de mi identidad en Cristo. En medio de múltiples encuentro poderosos con Dios también tenía momentos de confusión y profunda soledad. Tratando de llenar ese vacío, en varias ocasiones recurrí a librerías para adultos a comprar o rentar pornografía gay, o me pasé todo un fin de semana en un festín de vídeos. En alguna ocasión incluso acudí a un sitio de masajes eróticos. Y alguna vez llegué a participar en un encuentro sexual con un desconocido en la oscuridad de un teatro porno. Incluso los hombres físicamente atractivos con los que me cruzaba en el camino los sexualizaba en mi mente. Ni siquiera los personajes inocentes de la televisión se libraban de convertirse en objetos sexuales en mis pensamientos. A veces el hambre parecía insaciable, pero la gracia de Dios fue mucho más grande.

Estaba transitando por un proceso para descubrir a Dios como Padre, como Confortador y como Sanador. Hubo personas increíbles que caminaron a mi lado como mentores. Y conté con el Espíritu Santo que se asoció conmigo por causa de mi libertad. Los siguientes años fueron mucho más fructíferos, y paulatinamente comencé a sentirme más pleno.

Rizos y pedrería

Durante los tres años que pasé en la Escuela de Ministerio Sobrenatural de Bethel (BSSM), en Redding, California, la homosexualidad fue perdiendo su dominio en mi vida. Comencé a notar que ya no miraba a otros hombres como objetos. Dejé de sobre concientizar sus partes del cuerpo, y dejé también de ser emocionalmente dependiente de otro hombre. Empecé a desarrollar muy buenas relaciones con otros hombres que genuinamente me aceptaban, de manera que mis interacciones se volvieron más sencillas y menos cargadas de tensión y necesidad. En los siguientes capítulos compartiré más acerca de cómo fue mi transición durante ese tiempo.

En 2004, tras haber completado mis tres años en BSSM, regresé a Dallas y me convertí en uno de los líderes de los adultos jóvenes en la iglesia. Allí, una de las chicas comenzó a llamar mi atención, hasta que en una de nuestras reuniones vespertinas me descubrí mirándola y diciendo para mis adentros; "¡Qué linda se ve con ese cinturón brillante!" No podía dejar de mirarla y de ver cómo jugaba con su cabello. Entonces pensé: *Nunca me había sentido atraído por cómo una chica se vestía, ni me había parecido interesante que jugara con su cabello.* Así fue como algunas pequeñas cosas comenzaron a cambiar en mí. Comencé realmente a disfrutar mi interacción con esta chica. Me encantaba estar con ella. La respetaba al tiempo que comencé a observar lo hermosa que era, y de pronto me di cuenta de que yo prefería charlar con ella que con cualquier otra persona. Estaba buscando con ella algo más que una amistad. Deseaba realmente *conocer quién es esta criatura maravillosa*. Todas estas experiencias eran nuevas para mí. Así que hice lo único que me parecía lógico: la invité a salir.

Esa noche fuimos a un bonito restaurante. Nos sentamos, pero cuando estábamos viendo la carta, ella se levantó para ir al sanitario. Cuando pasó junto a mí, se acercó y tocó suavemente mi hombro. Sentí como una descarga eléctrica recorriendo mi cuerpo. Me quedé estupefacto. *¡Guau! Eso estuvo muy bien. Eso me gusta*, pensé. Y así fue como un par de horas después decidí que, si ella me aceptaba, sería la mujer con la que me casaría. Y diez meses después, en agosto de 2006, hice exactamente eso.

Capítulo 2

CRISIS DE IDENTIDAD

Durante muchos años viví en un mundo de fantasía. Cualquier hombre al que hacía objeto de mi atención se convertía en una constante presencia en mi mente, una medida imaginaria de mi propia autoestima. En mi salón de clases en la escuela hacía bolas de papel que aventaba de lejos y caían en el bote de la basura soñando con lo que tal o cual chico diría si me hubiera visto. Cuando sacaba una buena nota, o hacía una broma que causaba gracia, o hacía un buen tiro con el *frisbee*, soñaba despierto con la aprobación y la atención que me daba el chico en cuestión. Mi corazón se llenaba de esas cosas.

Me tomó muchos años entender que mi fijación en estos chicos no era el problema en sí mismo. Mi atracción hacia el mismo sexo tampoco era el verdadero problema. Para mí, la identidad consiste en sentir que uno es conocido en lo más profundo, valorado especialmente y amado incondicionalmente. Puede ser que abarque a la relación sexual, pero no necesariamente. Me costó mucho trabajo creer que yo le pertenecía a Dios y que tenía un lugar entre mis compañeros varones. Tenía un problema de intimidad, y aunque ahora parece obvio, en ese momento yo era totalmente inconsciente de eso. Ahora me doy cuenta, viendo en retrospectiva, cuán atípico era ese problema: soñar despierto de forma tan intensa y tan regular con la aceptación de ciertos hombres; y no poder darme cuenta de la raíz de mi conflicto hasta mucho después.

Cuando en nuestra vida manifestamos ciertas conductas indeseables, la tentación puede ser comenzar a enfocarse completamente en cambiar o dejar esa conducta, controlando nuestras acciones solo con el esfuerzo, en vez de percatarnos de que, esa nada saludable conducta, no es más que la máscara que usan nuestras necesidades insatisfechas. Así que, si necesitamos cambiar nuestra conducta, lo que tenemos que hacer es descubrir cuál es la necesidad que está tratando de satisfacerse con ese comportamiento. La vergüenza nos aísla, conduciéndonos a lo más profundo del auto rechazo mientras fracasamos una y otra vez tratando de romper los ciclos enfermizos de nuestras vidas. Todos los que batallamos con la atracción hacia el mismo sexo o la confusión sobre nuestro sexo biológico podemos comenzar a sentirnos desamparados cuando vemos que nuestra determinación de cambiar colapsa de cara a la adicción y a las aplastantes necesidades. Pensamos que nuestros problemas tienen que ver totalmente con la perversión sexual, pero es allí donde a menudo nos equivocamos.

No es posible señalar una sola causa de la atracción del mismo sexo o de la confusión de la identidad sexual. Cada individuo es único, y lo que en una persona puede impactar profundamente, puede no influir de la misma manera en otra. Las heridas que pueden llevarnos a ciertos desafíos en nuestra propia sexualidad son tan amplias y variadas como las heridas que nos llevan a otros problemas de la vida.

Sé que el que yo fuera bajito, flaco e inseguro invitaba a la burla, y los apodos con los que me llamaban mis compañeros y que desafiaban mi identidad me dio una percepción negativa de la masculinidad. Y los retos que yo tenía para conectar relacionalmente con ellos y mi dificultad de apego emocional con mi papá obstaculizaban mi capacidad de *verme* como un hombre, un varón. La pornografía que se me enseñó causó un profundo daño al abrir puertas a la voz mentirosa y acusadora del enemigo, a través de la vergüenza, el auto desprecio y las mentiras sobre mi identidad que se volvieron comunes en mis pensamientos. Y las caricias inapropiadas de mi amigo despertaron partes de mí que aún no estaban destinadas a ser abiertas, sexualizando directamente la conexión hombre a hombre, y todo esto antes de que yo tuviera 10 años. He hablado con muchos que relatan historias, obviamente con diferentes detalles, pero con elementos muy similares a la mía. Otros cuentan historias trágicas de abandono, o de alguno de sus padres que era imposible de complacer, de abuso físico, emocional o sexual, y cómo esos eventos impactaron sus emociones y convicciones. Pero el común denominador que encuentro es que las experiencias de intimidad de esas personas -su sentido de amor, valía y pertenencia- se dañaron de alguna forma a lo largo del camino.

Esto es importante porque fuimos creados para el intercambio de intimidad, ¡una profunda necesidad en nosotros que nunca se irá! Así que, si nunca aprendimos a satisfacerla de una manera sana, o fuimos dañados en nuestra capacidad de hacerlo, simplemente trataremos de llenar ese tanque de la manera que conozcamos. En mi caso, fue a través de la fantasía y la dependencia emocional. Mi corazón estaba realmente clamando por intimidad, pero yo no la recibía porque las áreas lastimadas dentro de mí no me permitían recibir el amor sano y seguro que se me ofrecía. Aquella necesidad legítima de intimidad no estaba siendo satisfecha, y ahora yo sufría porque no podía controlar mi propio comportamiento. Estaba atrapado en una rueda de hámster, dando vueltas entre profunda vergüenza y hambre sin una escapatoria aparente. Percibía a Dios como un juez distante. Me sentía descompuesto, fundamentalmente defectuoso y constantemente decepcionado con mis intentos de cambiar.

Diseñado para la intimidad

Sin embargo, existe un camino diferente a seguir. Cada uno de nosotros ha sido diseñado para la intimidad. Anhelamos ser conocidos de forma única y sentirnos profundamente valorados por quienes somos. No debe sorprendernos que, mientras esa necesidad no sea satisfecha de la forma que es la intención de Dios, ese mismo anhelo puede manifestarse también en nuestra sexualidad. Génesis dice: *"El hombre conoció a Eva su mujer, la cual concibió y dio a luz a Caín"* (Génesis 4:1 RVA 2015). La palabra conoció en hebreo es *yada*, que significa comprender o descubrir, pero también significa conocer íntimamente en el acto de la relación sexual de pacto entre el esposo y su esposa. El sexo es la forma más profunda y vulnerable en que podemos ser conocidos, así que tiene sentido que, si nuestra capacidad de sentirnos conocidos y valorados se ha visto trastornada, podríamos tratar de satisfacer esas necesidades a través de la sexualidad, especialmente si en el pasado tuvimos una experiencia que nos abrió una puerta a lo sexual. Pero esas necesidades no serán nunca satisfechas plenamente por la actividad sexual. El clamor de nuestro corazón por intimidad debe ser satisfecho, primero y, sobre todo, por nuestro Padre celestial.

La transformación la encontraremos en nuestra búsqueda de intimidad con Dios y no estando enfocados en los desafíos e inseguridades que enfrentamos con nuestras identidades sexuales. Es posible que este cambio asuste, sobre todo a los que hemos intentado someter nuestra conducta con mano firme. Pero Dios quiere traernos a una plenitud, que consiste en una estabilidad y bienestar emocional, para que no seamos más controlados u obligados por los deseos sexuales hacia el mismo sexo. En las siguientes secciones de este libro me referiré al concepto de plenitud como "sanidad" o "libertad". En todo caso el significado que se pretende será vivir libre de todo tormento y obsesión interna, estar en paz y conocer la alegría. Para muchos de nosotros este viaje hacia la conexión íntima con Dios nos condujo a cambios en nuestras experiencias sexuales.

Dejar de enfocarnos en controlar nuestra conducta puede parecer algo liberal, o incluso una actitud irresponsable en relación con decisiones dañinas. Pero nada puede estar más lejos de la verdad. La escritura dice que nosotros nos convertimos en lo que contemplamos (Ver 2 Corintios 3:18). Si nos enfocamos en nuestras propias fallas y pecados podemos terminar atrapados en esa misma forma de pensar. Sin embargo, cuando nuestro objetivo deja de ser "dejar de pecar" para tener la visión de caminar íntimamente con Dios, nuestro enfoque cambia. Podemos comenzar a quitarnos de encima la presión de tratar de cambiar nuestra sexualidad y comenzar a enfocarnos en nuestra relación con Aquél que nos creó, el Único que puede traer una verdadera transformación a nuestras vidas.

Intimidad con Dios

Nada le gustaría más al enemigo que convencernos de que una relación genuina y profunda está fuera de nuestro alcance. A través de la Biblia él muestra su mano tratando de convencer a la gente de que Dios no está de su lado, que están demasiado lejos de su misericordia, que Él retiene lo bueno, y que les ha abandonado. Estas son mentiras que vienen directamente del infierno. El mismo cimiento de la creación se basa en la verdad de que Dios quiere estar con nosotros. Él quiere conocernos y que le conozcamos. Mira a David. Dios alaba a David llamándolo *"hombre conforme a mi corazón, quien hará toda mi voluntad"* (Hechos 13:22 RVA 2015). El tipo fue un asesino, un mentiroso, y un adúltero. Traicionó a uno de sus amigos más fieles de la manera más retorcida posible. Sin embargo, Dios incluye a David en el mismo linaje de Jesús. ¡Eso es una relación profunda!

David escribió la mayoría de los salmos, vertiendo su corazón ante el Señor. Aunque no todos son bonitos. Se queja: *"Cansado estoy de pedir ayuda; tengo reseca la garganta"* (Salmo 69:3). Le hace a Dios preguntas difíciles: *"¿Por qué, Señor, te mantienes distante? ¿Por qué te escondes en momentos de angustia?"* (Salmo 10:1). Y también muestra su frustración: *"¿Por qué te abates, oh alma mía, y te turbas dentro de mí?"* (Salmo 42:5). Pero su corazón sabe cómo se siente esa intimidad con su Creador. Así que cada vez que ese corazón tuvo la oportunidad de desahogarse directa y honestamente ante Dios, David siempre encontró el camino de vuelta a la adoración. Vez tras vez le recuerda a su alma quién es Dios, lo que ha hecho por él en el pasado, y cuán digno es Dios de su confianza. Ésta es la conexión íntima a la que Dios está invitando a cada uno de nosotros. No se escandaliza de nuestros sentimientos ni se ofende por nuestra frustración. Podemos decirle lo que verdaderamente estamos pensando y sintiendo, y entonces podemos confiar en que Él se encontrará con nosotros exactamente donde estamos, con Su misericordia y Su verdad.

Toda la Biblia puede ser vista como una larga carta de amor de Dios llamando a Su gente a volver a Su abrazo de amor. El Señor no solamente nos permite tener una íntima relación con Él, sino que Él mismo busca activamente tenerla con nosotros. Luego de que mi cuerpo fue sanado sobrenaturalmente, comencé a tener hambre de conocer a este Dios que es real y tiene respuestas positivas para hoy. Comencé devorando todo tipo de enseñanzas sobre la bondad de Dios, Sus promesas y cómo podía yo acercarme a Él. Eran los tiempos de la Bendición de Toronto y el Avivamiento de Brownsville donde pude ver a mucha gente siendo tocada de manera radical por el amor de Dios y

Su poder. Me preocupé de tratar completamente con mi complicada sexualidad. Pero había algo mucho más grande que estaba sucediendo: yo estaba siendo presentado al Dios que invade lo invisible, el Dios que sana la enfermedad y el que conoce íntimamente a cada uno de sus hijos y se acerca a ellos. Me di cuenta de que Él anhelaba estar conmigo, y eso cambió todo.

La relación a la que me estaba atrayendo estaba llena de compasión y tierno amor. Como el padre de la historia del hijo pródigo, Dios está listo y esperando que corramos a Sus brazos nuevamente. Cuando no lo merecemos, él echa su manto sobre nuestros hombros y nos adorna con identidad y cariño. El padre en esa parábola no cuestionó al hijo sobre las malas decisiones de su vida; lo abrazó y le hizo una fiesta de bienvenida. Nuestro Padre celestial es capaz de comprar todo un campo lodoso por un tesoro (ver Mateo 13:44). Él deja las 99 ovejas y va tras la que se perdió (ver Lucas 15:4-7). Su bondad y misericordia nos persiguen. Él nos persigue.

La intimidad informa la identidad

Jesús nos modeló la vida que es posible cuando un hombre o una mujer caminan en el Espíritu. Juan 14:12 dice: *"el que cree en mí las obras que yo hago también él las hará, y aun las hará mayores, porque yo vuelvo al Padre"*. Y a lo largo de su ministerio podemos ver a Jesús priorizando Su conexión íntima con el Padre. Apartaba tiempo lejos de las multitudes para orar (ver Lucas 5:16). Ayunaba (ver Mateo 4:2), y desde esta posición de conexión con Su Padre podía ver a las tinieblas postrarse ante el Reino de los Cielos. Jesús sabía quién era Él porque sabía de quién era, y Su vida revelaba la primacía de Su relación con Dios. Lo mismo es para nosotros.

Bien lo ha dicho Elizabeth Woning, mi socia en el ministerio: "Cuando tú estás realmente en la presencia del Señor, no puedes evitar ser tú mismo." Entre más tiempo pasemos en la presencia del Creador, el que tiene contados los cabellos de tu cabeza, más nos familiarizamos con quién es Él. Pero al mismo tiempo podemos ver más claramente quienes Él nos creó para ser. Y nuestra identidad sexual es parte de ello. No podemos separar parte de nosotros de nuestra biología. Nos hizo hombres o mujeres, y es a través de la intimidad con Él que podemos empezar a descubrir la plenitud de quiénes somos.

Cuando me esforzaba por atraer la atención de los demás chicos, trataba desesperadamente de que alguien más definiera mi identidad. No fue sino hasta que comencé a ver la Escritura como una entrada para conectar con la persona de Dios que pude empezar a sentir su deleite en mí. La Biblia se convirtió en una herramienta de instrucción muy determinante con la que Dios me había provisto. Era una ofrenda de ayuda práctica de parte de mi Padre. Y el tiempo que pasé aprendiendo lo que dice la Biblia que Dios es y cómo es la vida en Él no solamente me sirvió de útil ayuda; me hizo sentirme seguro, conocido. Hubo momentos en los que sentí como si las palabras de Dios en las Escrituras para mí me costaran algo. En ocasiones tuve que rendir una conducta o una convicción que no era sana. Pero esas demandas palidecían comparadas con los sentimientos continuos de Su atención y Su preferencia por mí, que derretía mi auto desprecio. ¿Dónde estaban mis acusadores? Si Dios me aceptó y estaba encauzado a disciplinarme, es porque debo ser valioso. Pude comenzar a ver quién era yo a través de sus ojos, y pude reaprender cómo satisfacer las muy legítimas necesidades emocionales de mi corazón de forma que Él pudiera darme más vida.

Jesús ama la amistad. Dios nos diseñó no solamente para necesitar la intimidad con Él, sino también para necesitar una conexión, no sexual, con otros. Viendo la vida de Jesús podemos ver cuán cercano era él a sus amigos y discípulos. Vivía con ellos y comía con ellos, lloró con María y Martha cuando murió su hermano, fue a fiestas, e invitó a Juan, aquel que Jesús decía que era al que más amaba, a recostar su cabeza en su pecho. Su vida estaba llena de una intimidad, no sexual, que impartía vida. La fuente de Su identidad era el Padre y, desde ese lugar de seguridad, Su amor rebozaba para todos los que estaban a Su alrededor.

Confianza en Él

Liz Flaherty es una querida amiga y una campeona en la plenitud sexual. Su historia, que comparto a continuación, es un ejemplo de lo que es correr hacia los brazos de Dios. Debido a la transformación que ella ha experimentado en su capacidad de recibir el amor de Dios, camina el día de hoy en una increíble libertad.

> En lo profundo de las montañas del Norte de California descansa el pequeño pueblo en el que crecí. Le llamaré Wilsonville. Hoy en día, esa pequeña comunidad maderera alberga unas mil doscientas personas. Cuando yo tenía siete años, mis papás dejaron sus bien remunerados trabajos en Silicon Valley y se ubicaron allí para pastorear una iglesia de cinco miembros.
>
> Nosotros, cristianos de una gran ciudad, contrastábamos con la cultura de este nuevo lugar. Aunque estoy muy agradecida por haber crecido en una cultura tan diversa y contrastante -una comunidad rica en arte, fuertemente unida a pesar de sus diferencias y con los beneficios de estar en

las montañas- desafortunadamente fue un lugar en el que experimenté mucho dolor. Esto debido a muchos factores, siendo uno de ellos el que experimenté *bullying* y rechazo mientras trataba de abrirme camino durante esos años. Yo era una niña tímida y con sobrepeso, y el ser uno de los pocos cristianos en una cultura post-moderna solamente me empujaba a sentirme como una extraña. Junto con las interminables dificultades financieras de mis padres y sus propios problemas por haber crecido en hogares abusivos, descubrí que en el mundo había mucho dolor que vencer. Para poder escapar del dolor terminé desconfiando de Dios y comencé a buscar otras formas de encontrarle sentido al mundo alrededor de mí.

Esto incluía distanciarme de mi fe, pero también buscar relaciones sexuales y drogas. La mayoría de mis intentos de formar relaciones románticas terminaron convirtiéndose en dolores de cabeza. Tuve algunos novios, pero ninguno por mucho tiempo. Y como podrán imaginar, estas experiencias sexuales nunca llevan a nada que pareciera una relación fructífera, ni siquiera a una amistad sana. Me entregaba a cambio de cualquier atención o validación que pudiera conseguir.

Al final, este proceso terminó por agotarme, y al entrar a mi último año del bachillerato me había vuelto cruel con los muchachos. Cada vez más, me daba cuenta de que yo me sentía siempre más cómoda, afirmada y segura con mis amigas. La profundidad de la intimidad y la seguridad que sentía con mis amigas cercanas era mucho mayor que cualquier cosa que hubiera compartido con un hombre. Y cuando fui honesta conmigo misma, descubrí que había experimentado una atracción sexual hacia las chicas desde mi pubertad.

En la iglesia, cuando se hablaba del tema de la homosexualidad siempre era con una connotación de desprecio. Así que guardé esto para mí y traté de abrirme paso por mi cuenta. Sin embargo, una noche en que estaba bebiendo con unas amigas, tuve la que creí que era mi gran epifanía: yo era lesbiana. Parecía como si las piezas del rompecabezas comenzaban a encajar. "Salí del armario" en mi último año escolar y poco después fui a la universidad. Finalmente podía estar libre de todo el drama y rechazo del bachillerato, y podía revelar mi recién hallada identidad. Por un momento, mi vida pareció ser perfecta...

Una tarde, sentada en mi sala, después de haber fumado suficiente hierba como para asfixiar a un caballo, de pronto quedé abrumada al darme cuenta de cuán profundo había caído en este foso de depresión, cuán desconectada estaba de mi familia y de Dios. Así que empecé a hablar con Él y comencé diciéndole que no estaba segura de que tuviera permiso de hablarle mientras yo estuviera drogada, pero no podía salir del hoyo. De repente la habitación se llenó de la presencia de Dios y en ese instante supe que verdaderamente Él me amaba, incluso así, en mi estado inducido por las drogas.

Desafortunadamente mis problemas no se disiparon milagrosamente esa tarde, pero sí experimenté una gracia para dejar de fumar y de beber. Una vez sobria y recién comprometida a entregarle mi vida a Dios, me reconcilié con mi familia, y me sentí guiada por Dios a inscribirme en una escuela de ministerio en otra ciudad. Esta nueva relación con Él era todo lo que me importaba. Pasaba el mayor tiempo posible en oración, en adoración y estudiando la Biblia. Aprendí mucho durante este tiempo y tuve experiencias con Dios que jamás creí que sucedieran. Pero incluso, durante todo esto, yo seguía experimentando la atracción al mismo sexo.

¿Es en serio, Liz? ¿Es este el clímax de tu testimonio? ¿Te sometiste a Dios, pero seguiste sintiéndote atraída por otras mujeres? Así fue. Ciertamente, alinearme con la voluntad de Dios me permitió tener poderosos encuentros con Él en los que toneladas de aflicciones se fueron yendo de mi alma; sin embargo, los sentimientos y las tentaciones permanecieron.

Estos sentimientos irresueltos comenzaron a devorar mis pensamientos y, después de terminar la escuela ministerial, comencé una vez más a sabotear mi propia vida con pésimas decisiones. Sin embargo, afortunadamente, entré en contacto con Living Waters, un ministerio enfocado en la sanidad sexual, y todas las piezas del rompecabezas comenzaron a encajar en mi alma. Este ministerio me enseñó cómo era realmente la intimidad con Jesús, especialmente en lo concerniente a mi sexualidad. Nos lideraba un matrimonio en el que los dos habían pasado por muchos problemas en esta área. Una vez por semana nos reuníamos formando un ambiente de vida en el que no solamente podíamos abrirnos y recibir consejo, sino recibir también una sana enseñanza bíblica.

El grupo no ponía sobre nosotros ninguna expectativa en el crecimiento de nuestra feminidad o masculinidad; el único requisito era permanecer conectados al Espíritu Santo y seguir a Jesús.

Lo primero que se nos enseñó fue a tener una relación íntima con Jesús dependiendo totalmente de la obra de Jesús en nuestra vida diaria. Éramos amados por gente imperfecta, que nos daba permiso de ser nosotros mismos con todas nuestras complicaciones y nos animaban a crecer sin comparar nuestro progreso con ningún estándar humano. Nuestros líderes entendían las enseñanzas fundamentales del evangelio: arrepentimiento, perdón y recibir Su gracia para caminar en obediencia. El evangelio permite la intimidad porque allí aprendemos a confiar en el que nos ama. En este lugar de confianza, la intimidad florece y da como resultado el fruto del Espíritu.

"En cambio, el fruto del Espíritu es amor, alegría, paz, paciencia, amabilidad, bondad, fidelidad, 23 humildad y dominio propio" (Gálatas 5:22-23). Como continúa diciendo Pablo en el versículo 25, *"Ahora que vivimos en el Espíritu, andemos en el Espíritu* (RVA 2015).*"* La frase *"andar en el Espíritu"* en realidad significa caminar en línea con, o sea, caminar el camino que el Señor extiende para nosotros. No es posible seguir a alguien en quien no confiamos.

Este proceso de aprender a seguir y confiar en Jesús produjo una intimidad que dio paso a que la paz fluyera en mi vida. Desde esta posición de intimidad pude comenzar a ver todas las áreas en las que necesitaba arrepentirme de mi forma de pensar y vivir. Arrepentirse significa permitir al Espíritu Santo que identifique patrones de pensamiento que no están alineados con Su verdad, y recibir lo que Él tiene que decir al respecto de esas áreas de mi vida.

Suena sencillo, pero en realidad, no es nada fácil. Es un proceso costoso porque la transformación es invasiva y extensiva. Requiere dejar verdaderamente atrás aquello y confiar en Él. Requiere meditar en la Palabra y pasar muchas horas dialogando con Él, cuando en ocasiones todo lo que quieres hacer es tomar las riendas de tu vida y retomar el control. Demanda todo de ti. Es, a la vez, doloroso y hermoso. La intimidad con Jesús es una decisión que se toma a cada instante y que solo tú la puedes tomar y, si confías en Él, llenará tu vida con los frutos de Su semejanza.

Me siento abrumada con gratitud por todo lo que el Señor ha restaurado en mi vida. Hoy tengo un fructífero matrimonio de más de quince años, tengo la capacidad de conectarme en relaciones sanas con otras mujeres sin caer en las viejas trampas de la codependencia, y soy libre de la adicción a la pornografía. Ni siquiera en mis sueños más descabellados alguna vez imaginé que podría ser tan libre. Jesús es realmente extraordinario y digno de entregarle nuestras vidas. Él es fiel.[1]

En las Escrituras lo dice de esta manera:

> Podemos acercarnos todos a Él habiendo quitado el velo de nuestros rostros. Y ya sin velo, todos somos como espejos que reflejan con brillantez la gloria del Señor Jesús. Vamos siendo transfigurados a su misma imagen a medida que pasamos de un nivel de gloria resplandeciente a otro. Y esta gloriosa transfiguración viene del Señor, que es el Espíritu (2 Corintios 3:18[2]).

Cuando quitamos el velo y permitimos que Dios tenga acceso a las áreas más íntimas de nuestros corazones, nos hacemos más como Él. La Biblia no dice que nos transformamos a nosotros mismo; no somos tan poderosos. Él es quien lo hace. Es Su Espíritu, no nuestro esfuerzo, el que nos transforma. Nuestro trabajo es seguir su dirección y recibir el poder transformador de Su amor y gracia. Él se encarga de lo demás.

Mi brillante pastor, Bill Johnson, dice: "Dios te ama, así como eres. Pero te ama tanto que no va a dejarte así." Nuestro viaje con Dios es precisamente eso, un viaje. Él nos guía continuamente para que estemos cerca de Él, transformándonos así para alinearnos con Su Palabra. Nos ama incondicionalmente, pero también nos ama tanto que no va a dejar de ayudarnos a cambiar y crecer. Cuando buscamos entusiastamente nuestra propia relación con el Señor, le permitimos moldearnos y cambiarnos. El camino de cada persona es único. A lo largo del camino experimentaremos momentos de tentación que tratarán de robarnos nuestra esperanza y susurrarnos mentiras acerca de nuestra identidad. Pero si mantenemos nuestros ojos en Él, en vez de en nuestro propio pecado, "*...el que en ustedes comenzó la buena obra, la perfeccionará...*" (Filipenses 1:6 RVA 2015). La única forma en que podemos fracasar es renunciando.

Notas

1. Liz Flaherty, "Intimacy Requires Trust," en *Finding You: An Identity-Based Journey Out of Homosexuality and Into All Things New* (2020).
2. Traducción al castellano de la versión inglesa *The Passion Translation*.

Capítulo 3

EL CAMBIO ES POSIBLE

En alguna medida, los que hemos tenido que luchar con la atracción hacia personas del mismo sexo hemos experimentado una alteración de la intimidad. Y el día de hoy, todos los que han expuesto públicamente esta realidad, identificándose abiertamente como LGBTQ, corren el riesgo de alinearse con toda una subcultura que celebra convicciones y conductas contrarias a la moral bíblica. Ser influidos a diario por otros que están dentro de ese mundo apasionado puede crear fuertes lazos, convicciones y experiencias que requieren la atención del Señor. De esta manera, como lo mencioné en el capítulo anterior, la transformación y la solución pueden ser todo un proceso. Sin embargo, no es importante lo que nos haya sucedido o lo que hemos hecho; no tenemos que caminar solos el proceso inverso. Dios anhela guiarnos en este viaje hacia la intimidad. No tenemos que saber exactamente qué hacer; ni siquiera tenemos que saber cómo buscar una intimidad "apropiada" con Dios. La Biblia nos promete que el Espíritu Santo nos guiará a toda verdad (ver Juan 16:13). Así que podemos simplemente relajarnos y aceptar que hay muchos aspectos potenciales de nuestras vidas que podrían ser factores de nuestra atracción al mismo sexo. No necesitamos tener resuelto todo para poder avanzar.

La siguiente afirmación es posible que sea la más dolorosa que haré en este libro para todos aquellos con una experiencia homosexual; y es esta: el cambio es posible. Recuerdo bien la agonía de querer pelear contra la homosexualidad mientras me sentía excitado por personas del mismo sexo, y la vergüenza y la confusión que eso me traía. Vivía con rechazo y desprecio hacia mí mismo. A muchos de los que hemos experimentado este dolor nos resulta aterrador tener que esperar a que cambie nuestro entendimiento de quiénes somos y qué deseamos. Pero la realidad es que yo no podía llegar a la paz y la plenitud que ahora disfruto sin haber escuchado esta verdad de boca de algunas personas que estuvieron en mi vida dispuestos a testificar que esa transformación, genuina y perdurable, está disponible.

Teniendo al mundo gritando todo lo contrario, me siento más forzado a decir que hay personas que han experimentado cambios impresionantes. No buscaríamos la victoria para nuestras vidas si no supiéramos que es posible. Nadie es condenado, sin importar la atracción que experimente. Nadie necesita cambiar un milímetro para experimentar mi respeto y mi amor. Es admirable que alguien se esfuerce a seguir de cerca a Dios cada día; pero no puedo reducir la verdad. Estoy obligado a proclamar que mis amigos y yo hemos experimentado un cambio. El cambio es posible.

El mismo centro del Evangelio lleva el mensaje de transformación. Cristo vino a la Tierra a sacarnos de la predecible esclavitud del pecado, la enfermedad y la muerte. Vino a hacernos libres para que, en nuestra libertad, pudiéramos unirnos a Él y ser transformados en nuestra identidad: hijos e hijas que recuerdan a Su Padre. Cuando Jesús fue a la cruz no hizo excepciones. No murió por la mayoría de los pecados, ni ofreció redención a todos excepto a unos pocos. Su sacrificio sacudió al mundo a tal punto que el sol desapareció, las rocas se partieron, y hubo muertos que deambularon por la tierra (ver Mateo 27). La cruz lo cambió todo. Todos nosotros somos invitados a recibir la incontenible gracia de Su Evangelio. Así que no debería sorprendernos que, por razón de esa gracia, nuestra debilidad no pase inadvertida para Él, ni siquiera nuestras debilidades en nuestra identidad y nuestra sexualidad. Jesús vino para que *todos* fuéramos libres, para que *todos* lo conociéramos, para que *todos* experimentáramos la paz y el poder transformador de Su Reino.

Y a Él no le ofende nuestro proceso de transformación. Cuando entregamos nuestras vidas al Señor, arrepintiéndonos y recibiendo Su amor, somos incluidos inmediatamente en el Cuerpo de Cristo. La salvación de nuestras almas es inmediata. Pero nuestra santificación, el proceso por el que crecemos para parecernos a Jesús, toma su tiempo. Algunas personas pueden experimentar una transformación inmediata en ciertas áreas de sus vidas al nacer de nuevo. Puede ser que de pronto ya no estallan en ira tan pronto, puede que sean libres de alguna adicción, o que sus motivaciones egoístas cambien. Son hermosos cambios. Pero todos tendremos ciertas áreas de nuestras vidas que requerirán tiempo para ser transformadas.

Observemos a los discípulos. A lo largo de tres años pasaron todo el tiempo con Jesús, compartiendo el mensaje del Evangelio y viendo suceder milagro tras milagro delante de sus ojos. No obstante, Pedro tenía claramente algunos problemas para controlar su impulsividad, Jacobo y Juan dejaron que el resentimiento regulara a tal punto sus vidas que trataron de destruir una ciudad con fuego, y todos los discípulos competían por quién era el mejor.

Jesús conocía sus debilidades incluso antes de escogerlos. Él veía a cada discípulo como era, con todas sus imperfecciones, y amó completamente a cada uno. Cada vez que hacían el ridículo, Jesús los corregía guiándolos de vuelta a Su perspectiva. Nunca los rechazó ni se dio por vencido con ellos; simplemente invertía tiempo en reentrenar su pensamiento en Su perspectiva. El reentrenamiento es lo que Él nos ofrece a cada uno. Jesús no tiene miedo de nuestro proceso, por complicado que sea. Todos los verdaderos seguidores de Jesús transitan por un viaje que dura toda la vida para crecer en madurez espiritual. Dios no pierde la paciencia; Él simplemente nos proporciona las herramientas que necesitamos y nos guía con Su Espíritu Santo hasta el punto en que estemos listos y dispuestos a permitir Su intervención en nuestras vidas.

El cambio es necesario

No es solamente por Su propia causa que Dios invierte tanto en nuestra transformación. El pecado no son esas cosas molestas que hacemos, que irritan al Señor, y que prefiere que las dejemos de hacer. El pecado nos destruye, nos aísla y nos miente sobre quiénes somos. Jesús anhela, por nuestro propio beneficio, que aquellos de nosotros que nos hayamos enredado en relaciones sexuales con el mismo sexo salgamos de los comportamientos que nos hacen daño, y llevarnos a la libertad que hay en Su forma de vida. Nos conoce mejor que nosotros mismos. Algunos piensan que el cristianismo ofrece demandas bíblicas anticuadas y arbitrarias traídas por un montón de ancianos que nunca experimentaron una libertad sexual. Pero es exactamente lo contrario. La ciencia moderna continuamente descubre y prueba la verdad de la Biblia.

Hoy en día, Hollywood se engolosina en presentar el estilo de vida gay como el gran suceso, pero la realidad es que la mayoría de la gente que se ha involucrado en esta forma de vida tiene que hacerse camino a través de un increíble dolor. Biológicamente la actividad homosexual ha probado causar estragos en las mentes y cuerpos de los que participan. Los hombres que tienen sexo con otros hombres tienen mayores riesgos en comparación con los hombres que no tienen sexo con hombres. Su esperanza de vida media se ha reducido unos 20 años, constituyen más de la mitad de la población infectada con VIH y son mucho más propensos a experimentar trastornos emocionales: trastornos del estado de ánimo y ansiedad, abuso de sustancias, depresión e intentos de suicidio.[1,2,3] De manera similar, la disforia sexual —el estado que consiste en que alguien experimente una identidad sicológica diferente a la de su sexo biológico— está guiando a hombres y mujeres a dañar irreparablemente sus cuerpos a través de hormonas y cirugías cosméticas. Nuestra identidad sexual está escrita en nuestro ser a nivel de los cromosomas y no puede alterarse. Sin llegar a tratar las causas de raíz del dolor y la confusión respecto a su sexualidad, a estas preciosas personas les están vendiendo una cura falsa. Y cuando su dolor no se ve aliviado tienen 19 veces más probabilidades de cometer suicidio que el promedio de la gente. Estadísticamente su situación no mejora a pesar de haber abrazado una identidad transgénero a niveles extremos.[4]

Sicológicamente muchos de los que hemos luchado con la atracción al mismo sexo también hemos experimentado auto desprecio, dolor emocional, codependencia, aislamiento e inseguridad entre compañeros del mismo sexo. Nunca buscamos el deseo por las personas del mismo sexo. Sin embargo, de muchas formas, los miembros de nuestras familias y nuestras relaciones comenzaron a pagar el precio por nuestra decisión de vivir en contraste con quienes fuimos creados. Los casos de violencia doméstica son más altos en las relaciones del mismo sexo.[5] Sé que hay muchas personas identificadas como gay que han adoptado niños y que les proveen mucho amor. Pero los hombres y las mujeres somos diferentes en muchos aspectos, y estos niños ciertamente carecen de la bendición de ser cobijados y nutridos por ambos, un padre y una madre. Más de 2,500 estudios indican que un hombre y una mujer casados y criando a sus propios hijos ofrecen claras ventajas sobre esos niños que ninguna otra estructura familiar puede ofrecerles.[6]

Por años, el argumento para respaldar el estilo de vida gay fue que algunas personas sencillamente nacieron así, y que no había nada qué hacer al respecto. Sin embargo, Científicamente seguimos aprendiendo que eso no es así. El reciente Estudio Ganna (una colaboración de 30 años entre científicos de Harvard, MIT y otras universidades respetables) ha arrojado algunas pruebas concluyentes sobre este argumento. Luego de estudiar todo el genoma humano de 493,001 individuos a lo largo de 30 años, han llegado a la conclusión de que, mientras existen algunas correlaciones genéticas (como era de esperarse con un estudio como este), no se encontró ningún gen o genes que causaran la homosexualidad. El estudio señala que el comportamiento homosexual no puede ser predicho buscando exclusivamente en los genes de una persona, que nadie desarrolla una identidad o comportamiento homosexual sin la influencia abrumadora de factores ambientales, y que la gente que se identifica como gay tiene un genoma humano completamente normal.[7]

Estos podrían ser nuevos descubrimientos para nosotros; pero no es nada que sorprenda a Dios. Él conoce el dolor y los impactos negativos sobre nosotros y alrededor de nosotros cuando actuamos en contra de nuestro diseño original. Por eso, en la Biblia, la homosexualidad es siempre un comportamiento que se condena. No hay un solo ejemplo de una relación homosexual que fuera bendecida por Dios. Él se reserva esa bendición para el matrimonio entre un hombre y una mujer. El Señor no condena a los que hemos batallado con la atracción hacia el mismo sexo; antes, nos ofrece un camino de salida. Estos avances en la ciencia no están solamente descubriendo la verdad sobre los efectos del comportamiento homosexual, sino que también están sacando a la luz la esperanza que Dios grabó en nuestro mismo ser. Los avances en la ciencia del cerebro han revelado que las vías en nuestro cerebro —nuestras reacciones a ciertos estímulos, nuestras repuestas emocionales, nuestras decisiones— pueden cambiar completamente.

A esto se le llama neuroplasticidad. No existe tal cosa como que estemos estancados. Dios nos llama a cada uno a rendir nuestras vidas y nacer de nuevo; Jesús no vino para condenar al mundo sino para salvarlo (ver Juan 3:17), y nos encontrará exactamente donde estamos y nos tomará de la mano y nos sacará a nuestra libertad.

El cambio trae vida

Mi hijo espiritual, Gabriel Pagan, fue abusado sexualmente cuando era un niño, y creció creyendo que a través de su conducta sexual era como conseguiría amor de parte de figuras paternas. Creció en un hogar religioso, creyendo que era gay, que Dios odiaba a los gays, y que se iba a ir al infierno. Pero Gabriel conoció a Jesús y descubrió que, a pesar de su inmadurez y su pecado, Jesús seguía queriendo tener una relación con él. Y su conexión con Dios lo cambió todo.

> Yo solía ser muy depresivo y constantemente paranoico por lo que la gente pudiera pensar de mí. Tuve experiencias sexuales en el bachillerato luego de haber sido expuesto a la actividad sexual y la pornografía desde niño. La combinación de la masturbación y las cámaras web llegó a convertirse en un hábito obsesivo para mí del que perdí todo el control. Llegué al punto de hacer todo aquello que veía en la pantalla.
>
> Esto me llevó a tocar fondo y a querer matarme. No era consciente de que había gente orando por mí, pero gracias a sus oraciones fue que me sentí motivado a cambiar mi vida. Una persona que me contactó en las redes sociales me compartió de Jesús, y lo acepté en la entrada de mi

> casa y el Espíritu Santo cayó sobre mí como fuego, lo que me llevó a una serie de encuentros. Acudí al ministerio de Sozo de Bethel[8] y pude ver a Jesús sosteniéndome aquella primera vez que alguien me tocó inapropiadamente; y le dije al Señor que no volvería a acostarme con otro hombre si yo tenía su presencia como aquella vez para siempre.

Gabriel sabía que estaba experimentando dolor, pero no escapó de él simplemente tratando de manejar la expresión sexual de ese dolor. En vez de abrazar la vergüenza de su conducta, se enfocó en la presencia y el amor de Dios. descubrió que podía tener una relación personal con el Creador, con la misma fuente de verdadera y auténtica intimidad e identidad.

Cuando Gabriel conoció personalmente a Dios, también empezó a experimentar el amor real y radical, y vio que Dios lo invitaba a experimentar una vida plena con Él. Se involucró en el trabajo evangelístico de su iglesia, e incluso fue a Haití en un viaje misionero.

"Todo en mi vida quedó de cabeza. Pasé de ser un adicto fiestero y *metalero* deprimido... a ser parte de un viaje misionero, orando por mis amigos, echando fuera demonios y viendo la Biblia cobrar vida." Su entendimiento de Dios cambió drásticamente, y comenzó a aprender a reconocer Su voz. Descubrió que Dios no quería que viviera una vida insignificante, aburrida y restringida. Dios lo invitaba a vivir como Jesús. Se abocó a aprender a escuchar la voz de Dios, y se conectó con un consejero pastoral para poder atravesar su dolor y su adicción.

Habiéndose involucrado plenamente en este viaje con Dios, un día Gabriel fue a una actividad de alcance de su iglesia en su ciudad. Le tocó orar por un hombre que no tenía hogar y, cuando terminó, lo abrazó para decirle cuánto lo amaba Jesús. Pero de pronto comenzó a sentirse excitado. Se sintió confundido y asustado, preguntándose qué había sucedido. Él había tenido avances significativos en su identidad sexual, y esta interacción no pretendía ser algo sexual, hasta ese momento.

> Entonces escuché una voz que me decía: "¿Ya lo ves?, Dios no te ha salvado. Sigues siendo el mismo maricón de siempre." Pero mi pastor me había enseñado que la voz de Dios es tu mayor seguridad además de la Palabra de Dios.
>
> Así que yo dije: "Espíritu Santo, el hecho de que esto le haya sucedido hoy a mi cuerpo, ¿significa que soy gay?"
>
> Y entonces lo escuché decirme: "Hijo, no escuches a esa voz. Viene de un demonio. Yo ya te he liberado." Y así fue como Jesús me enseñó cómo confiar en Él, [incluso] cuando mi cuerpo dice otra cosa.

Gabriel dio con una herramienta muy valiosa en este proceso: el centro de su atención. Si él hubiera estado enfocado en sus reacciones físicas a lo largo de su proceso, ese instante durante aquella actividad de evangelismo lo hubiera desviado. Pero Dios estuvo allí para decirle lo contrario. Cuando deseamos separarnos completamente de la experiencia homosexual hay una restauración sucediendo en muchas capas dentro de nosotros. No podemos esperar que con una simple mirada fulminante cambien automáticamente nuestra conducta o nuestros deseos. Nuestra principal motivación debe ser la intimidad con Dios.

No importa en dónde estamos a lo largo del camino, ya sea al mero principio considerando si cambiar o no, o habiendo tenido un increíble avance en las pareas de identidad e intimidad, siempre hay gracia para todos. Y, sin duda, hay gracia para los que hemos buscado al Señor pero que aún tenemos que experimentar alguna transformación en esta área de nuestra vida. Sin embargo, si buscas a Dios anhelando plenitud y libertad, quiero que sepas que hay esperanza. El testimonio de Gabriel y el testimonio de miles más que han sido transformado por el amor de Dios profetizan: La esperanza sigue viva, y Dios tiene gracia más que suficiente para cada uno de nuestros procesos. El día de hoy, Gabriel está felizmente casado con una mujer, y acaban de tener su primer hijo.[9]

> Siete años después, ya soy libre de la atadura a la atracción al mismo sexo. Soy feliz y estoy siguiendo a Jesús y viviendo una vida de aventuras increíbles. Hoy vivo sabiendo que lo que una vez me trajo a mayor vergüenza se lo ha llevado un Dios que no evadió mi dolor ni mis dudas. Sirvo como pastor en mi iglesia local y conduzco a la gente en sesiones de sanidad interior. Mi mayor alegría es ver a Jesús aplastar la incredulidad cuando entra en el dolor de las personas, para más tarde verlos encontrarse con el Dios que evitó que yo terminara con mi propia vida. Yo era adicto, ahora soy libre; estaba deprimido y ahora estoy lleno de alegría; estaba lleno de odio, pero ahora soy movido por el amor.[10]

El cambio está sucediendo

A principios de 2018, Elizabeth Woning y yo, como parte de nuestro ministerio, comenzamos a trabajar para oponernos a un proyecto de ley del congreso del Estado de California conocido como AB2943. El proyecto proponía declarar ilegales los mismos libros, recursos y la consejería que a mí me salvaron la vida. Cualquier conferencia, forma de consejería o literatura que sugiriera que fuera posible dejar atrás una orientación homosexual estaban en la guillotina. Argumentaban que cualquier cambio en la orientación sexual era un fraude. Por lo tanto, promocionar este tipo de materiales sería igualmente fraudulento bajo las leyes de protección al consumidor. En California la opción de la consejería ya era ilegal para los menores, pero ahora los adultos tampoco podrían recibir ministración, terapia o ninguno de estos recursos, incluso si ellos mismos lo solicitaran.

La legislación estaba circulando por todo el mundo, no simplemente asegurando los derechos de la gente identificada como LGBTQ, sino también quitándoles sus derechos a los adultos que no estuvieran contentos de vivir como homosexuales. En algunos casos, nuestros testimonios fueron sancionados; nuestras cuentas de redes sociales, censuradas o cerradas, y los periódicos y cadenas de noticias de televisión lanzaron ataques contra nosotros. Muchos de nosotros habíamos experimentado la atracción hacia el mismo sexo o confusión sobre nuestra identidad sexual como resultado directo del abuso físico, emocional o sexual. Así que yo sabía que era primordial proteger nuestro derecho de recibir consejería y cualquier otra forma de ayuda que estuviera alineada con nuestras convicciones de fe. Al percatarnos cuán importantes habían sido esos recursos en nuestros propios procesos de transformación, Elizabeth y yo decidimos compartir nuestras historias.

Con el afán de brindar nuestro apoyo a todos los que impugnaban este proyecto de ley, pronto nos encontramos en el estrado de los testigos y compartiendo nuestros testimonios en audiencias del comité legislativo. Dado que yo había pasado por cinco años de consejería cristiana profesional y por varios ministerios, pude compartir cómo esta ley me hubiera quitado mi libertad de buscar mi sanidad emocional y mi felicidad. Después de escuchar varios testimonios de personas que habían dejado atrás una vida homosexual, el líder de la mayoría del Congreso del estado se puso en pie y dijo: "¿Saben?, yo no creo nada de esto." Y así, no convencidos por nuestros testimonios, los miembros del Congreso mantuvieron el proyecto de ley en marcha.

Un tanto desanimado, de vuelta a casa luego de una audiencia, me volteé hacia Elizabeth y le dije: "Necesitamos un libro de testimonios. ¡Estos legisladores nunca han conocido personalmente a nadie que haya cambiado!" Con el total apoyo del liderazgo de nuestra iglesia comenzamos a proyectar un libro que pudiera publicarse antes de que el proyecto de ley pasara a votación por el senado, apenas unas semanas después. Aunque para ello tendríamos que reunir docenas de testimonios escritos en un plazo de cinco días.

Una vez habiendo comenzado el proceso de creación del libro, nos invitaron a la primer Marcha por la Libertad que se hacía en Washington, D.C. Esta marcha, organizada por Jeffrey McCall, constituía una oportunidad para que la gente que anteriormente se identificó como LGBTQ hiciera pública su devoción al Señor y compartiera las buenas noticias de la transformación que Jesús había evidenciado en sus vidas. Los organizadores nos habían escuchado a Elizabeth y a mí testificando en contra de la AB2943, y nos invitaron a unirnos a ellos en Washington. Inmediatamente compramos los boletos de avión y volamos hacia allá tres días después. En un instante nos vimos rodeados por gente que había dejado la homosexualidad. En cosa de seis semanas, con la ayuda de gente increíble, logramos tener en nuestras manos las primeras copias de *CHANGED: #oncegay Stories*.[11] Anticipándonos a la votación de la ley, invitamos a nuestros amigos de la Marcha por la Libertad a un evento en Sacramento.

Allí, fuimos puerta por puerta, entregando copias del libro en las oficinas de cada uno de los senadores estatales, contándoles abiertamente cómo nuestro grupo —gente que una vez fue gay— se hubiera afectado por la AB2943.

Tratamos de explicar humildemente que los adultos deben tener la libertad de buscar la consejería que se ajuste a sus creencias, y que borrar las opciones de consejería y de recursos era discriminatorio. Elizabeth testificó una vez más como parte de una audiencia del senado junto con nuestro amigo, antes gay, Jim Domen, de la Iglesia Unida, y más de 400 personas que nos apoyaban se acercaron al micrófono al final de la audiencia, dando sus nombres y declarando: "me opongo a este proyecto de ley." Fue una de las respuestas públicas más grandes en la historia de las audiencias en el senado de California.

Sin embargo, a pesar de todo esto, el senado aprobó la ley. Solo necesitaría pasar por un par de formalidades antes de que prácticamente se promulgara.

No obstante, el congresista que patrocinó el proyecto de ley, un hombre que se identificaba como gay y líder de la asamblea LGBTQ de su partido en California, escuchó nuestras historias y sorprendentemente decidió hablar con varios grupos de pastores por todo California para escuchar sus puntos de vista. Como resultado de esas conversaciones, y de lo que debió haber sido la influencia de Dios mismo, de manera asombrosa, sin ninguna explicación, y sin ningún requisito legal, cuando el proyecto estaba a escasas dos horas de pasar a una votación final, aquel congresista retiró el proyecto de ley. La AB2943 no será ley.

Para sorpresa y alivio nuestro, nos percatamos que Dios había usado el proyecto de ley como un imán que atrajo y reunió a creyentes ex LGBTQ, organizándonos para compartir nuestras historias, y uniendo al Cuerpo de Cristo. La inercia de este tiempo ha continuado para abrir conversaciones sobre homosexualidad dentro y fuera de las paredes de la iglesia, creando espacios seguros donde encontrar ánimo, crecimiento y compromiso de la ciudadanía. Desde que creamos nuestro sitio web (changedmovement.com), hemos vendido miles de copias del libro *CHANGED: #oncegay Stories* y lanzamos una cuenta de Instagram (@changedmvmt) para que pudiéramos compartir libremente estos testimonios al mundo. Cada semana seguimos recibiendo más historias de personas que han experimentado nueva paz y plenitud que no habían tenido dentro de sus ambientes LGBTQ. También tenemos un grupo cerrado de Facebook que ahora reúne a miles de personas que se unen para testificar del amor y la intervención de Jesús y se animan unos a otros. Y esto es solamente el principio. Dios se está moviendo, está guiando un movimiento de pureza sexual y plenitud que no podrá detenerse.

Bob Jones, un respetado profeta, previó este momento. En 1989 tuvo un encuentro con Dios en el que vio 100,000 personas siendo liberadas de la homosexualidad. Vio también que el VIH era sanado y a aquellos que eran transformados dedicando sus vidas al Señor. A partir de esa ola inicial de gente siendo libre de la homosexualidad habrá un efecto dominó de avivamiento. "Se consagrarán completamente. Vi a 100,000 viniendo al Reino. No hay palabras para describir el impacto de esos 100,000… Serán como nuevos. Todo será acerca de Jesús. Algunos se convertirán en doctores. Servirán al Cuerpo de Cristo. Necesitamos a esta gente."

Creyendo verdaderamente que esta palabra profética era de Dios y sintiendo Su ánimo, me di cuenta que necesitaba apresurar mi sueño de compartir mi proceso de transformación de tal forma que otras personas pudieran tomarlo como propio. Por muchos años había estado orando para que Dios me mostrara cómo comunicar claramente la forma en que Él se movió en mi vida, cómo Él estaba ansioso por amar y encontrarse con las personas que luchan con su sexualidad. Sabía que Él había hecho la obra, pero no había analizado cómo lo hizo. Una mañana, estando en la ducha, lo entendí. Literalmente salté de la ducha para escribir lo que el Señor me estaba diciendo. Había seis claves para la transformación:

1. Vulnerabilidad
2. Rendición
3. Relaciones
4. Identidad
5. Fe perdurable
6. Visión

Vi claramente cómo Dios me había guiado a la vulnerabilidad, aprendiendo a ser visto y conocido por Dios y por los demás, y entonces cómo yo había, de verdad, decidido rendir mi vida a Su señorío. Me mostró cómo Él había construido relaciones alrededor de mí, cómo me había invitado a una nueva identidad en Él, y cómo había infundido en mí una fe firme para ayudarme a navegar en las altas y las bajas de mi proceso hacia la plenitud. Y finalmente, el Señor me mostró cómo podría cambiar mi futuro capturando Su visión para mi vida y escogiendo no creer un reporte diferente.

Estas seis claves pudieran no estar en perfecto orden para todos, y pudiera haber algunos puntos que para algunos resuenen más que otros. Pero todos ellos fueron necesarios para experimentar la drástica transformación a la que el Señor me llevó.

No existe un solo plan al que todos tendrán que ajustarse o una fórmula para que Dios nos guíe a esta plenitud y libertad. Él es omnipotente, omnisciente e interactúa con nosotros íntima e individualmente. Así que presento estas seis claves como probables puertas para alcanzar triunfos, áreas de invitación para la gracia transformadora de Dios. Su amor puede llegar a cualquier lugar en nuestros corazones para traer Su cariño, verdad y paz. Esto es lo que Él ha hecho por mí y por muchos más.

Notas

1. "CDC Fact Sheet: HIV Among Gay and Bisexual Men," Center for Disease Control, Julio 24, 2020, https://www.cdc.gov/nchhstp/newsroom/docs/factsheets/cdc-msm-508.pdf.
2. Mark Messih, M.D., M.SC., "Mental Health Facts for Gay Populations," American Psychiatric Association, 2018.
3. Robert S. Hogg, et al., "Modelling the Impact of HIV Disease on Mortality in Gay and Bisexual Men," *International Journal of Epidemiology*, International Epidemiological Association, (volume 26, no. [3]) October, 1996.
4. Neil Whitehead, "Homosexuality & Comorbidities," Journal of Human Sexuality 2:124-175, 2010.
5. Susan Jones, "Domestic Violence in LGBT Relationships Targeted," Octubre 20, 2004, CNSNews.com.
6. Paul Strand, "Cause and Effect: The Benefits of Traditional Marriage," *CBN News,* The Christian Broadcasting Network, Abril 5, 2006.
7. Andrea Ganna, et al., "Large-Scale GWAS Reveals Insights into the Genetic Architecture of Same-Sex Behavior," *Science,* American Association for the Advancement of Science, (volume number 365, no. [6456]) Agosto 30, 2019, https://science.sciencemag.org/content/365/6456/eaat7693.
8. Nota del Traductor - Bethel Sozo es el nombre del ministerio de sanidad interior y liberación de Bethel Church, en Redding, California.
8. Testimony: Gabriel Pagan, "Sex. Church. Culture. Vol 2: Stories and Solutions," conferencia en línea, 2020, https://www.moralrevolution.com/sex-church-culture-vol-ii.
9. Gabriel Pagan, CHANGED: #oncegay Stories, https://changedmovement.com/stories/gabriel-pagan.
9. Nota del Traductor – En castellano, "CAMBIADOS: historias de gente que una vez fue gay".

Capítulo 4

VULNERABILIDAD

Fuimos internamente equipados para conectar. Dios nos diseñó, no solo para necesitarlo a Él, sino también para necesitarnos unos a otros. En el Edén, Adán caminó con Dios, hablando con Él como a un amigo, co-creando con Él. Era como el Cielo. ¿Qué más podría necesitar? Pero fue Dios mismo quien dijo que no era bueno que Adán estuviera solo (ver Génesis 2:18). Y fue Dios quien hizo una pareja para el hombre: una mujer que lo conocería íntimamente, porque de eso se trata la conexión. No podemos experimentar intimidad plenamente hasta que nos damos permiso de ser vistos y conocidos.

Para los que hemos batallado con una indeseada atracción hacia el mismo sexo, lo más probable es que esa idea sea aterradora. Con frecuencia nos sentimos fuera de control, asustados y nos desconocemos. No queremos que los demás nos vean como somos porque estamos escondiendo nuestro dolor, nuestros pecados ocultos y quizás nuestras interacciones sexuales. Esas son las cosas que la mayoría de nosotros callamos. Pero en mi experiencia, a menudo es exactamente donde debería comenzar nuestro viaje.

Culturalmente, nos hemos vuelto más y más cómodos con la palabra *vulnerabilidad*, pero el verdadero significado del término suele pasar de largo. Vemos gente que es "vulnerable" en las redes sociales, publicando imágenes de su loza sucia en el fregadero, o admitiendo malas actitudes que tuvieron pero que han superado. Eso podría llamarse transparencia —permitir que la gente vea algo que está sucediendo en sus vidas—; pero la vulnerabilidad va mucho más profundo. La verdadera vulnerabilidad es la acción de exponer tu corazón de tal manera que sea posible que otros puedan lastimarte. Sin duda, suena aterrador.

La Dra. Brené Brown es mi heroína personal en esta área. Ella ha pasado muchos años estudiando la vergüenza, la vulnerabilidad y la conexión humana. Luego de muchos años de investigación estadística se ha convertido en una partidaria de la importancia de la vulnerabilidad. Ella explica que la vulnerabilidad requiere el valor de ser imperfecto, la voluntad de "contar la historia de quién eres, con todo tu corazón."[1] A pesar de los mensajes culturales que recibimos del mundo, especialmente los hombres, la vulnerabilidad no es una debilidad. Ella explica que es un riesgo emocional, pero es también "nuestra más precisa medida de valor… es el lugar donde se concibe la innovación, la creatividad y la transformación."[2] Es el prerrequisito para la verdadera conexión y la vida plena.

Fuimos creados por el mismísimo Amor para sentir amor incondicional; aunque no todo el mundo lo experimenta. Mucha gente se acerca a mí para pedirme ayuda para abordar sus problemas de identidad sexual con el atenuante que dice "pero todo está bien." Han estado tan acostumbrados a ocultar sus verdaderos sentimientos que levantan una fachada cuando hablan conmigo, la persona que supuestamente va a ayudarles. Esta fachada entorpece mi capacidad de ayudarles a experimentar el amor incondicional de Dios, que es la fuerza más poderosa y transformadora del universo. No podrán experimentar ese amor mientras sigan rodeándose de murallas.

Me gusta recordar a la gente que nunca podremos conocer el amor incondicional a menos que primero hayamos compartido nuestra condición. Es a través de la vulnerabilidad que podemos experimentar que la intención de Dios es la restauración. En el instante en que le confesamos a un amigo de confianza, por ejemplo, que volvimos a caer en la pornografía y nos arrepentimos, nuestro registro se borra. Tenemos la oportunidad, en ese mismo momento, de identificarnos nuevamente como santos, la nueva creación que nos ofrece la crucifixión y muerte de Jesús.

Uno de mis padres espirituales, el profeta Kris Vallotton, tiene una enseñanza brillante sobre la confesión. Él explica que una confesión vulnerable es el primer paso hacia la sanidad y la restauración. "La autenticidad nos guía a la confesión," dice él, "que a su vez trae plenitud." La Biblia nos dice que confesemos nuestros pecados para que seamos sanados (ver Santiago 5:16). También dice que, *"Si confesamos nuestros pecados, Dios, que es fiel y justo, nos los perdonará y nos limpiará de toda maldad."* (1 Juan 1:9). Kris enseña que la confesión vulnerable, por sí misma, no lo repara todo, pero sí inicia el proceso de limpieza. Cuando hayamos admitido nuestra falta con auténtica vulnerabilidad, Dios arrancará de raíz cualquier problema en el corazón que nos haya conducido al pecado en primera instancia. Hay gente que se ha hecho adicta a la confesión, a experimentar alivio que se experimenta al descargarse, pero sin cambiar verdaderamente su conducta. Pero la verdadera confesión necesita guiar a un arrepentimiento genuino. "La confesión quebranta el poder del pecado," explica Kris, "mas el arrepentimiento me conecta al poder de la gracia." Cuando escogemos ser vulnerables con las personas en las que confiamos y con el Señor, habremos de recibir completo perdón. Nuestros pecados serán lavados, y Dios traerá sanidad.[3]

Cuando estaba en el bachillerato tuve una perrita maltés miniatura llamada Missy. Un día, al regresar a casa, encontramos a Missy en la cocina en estado catatónico. La pobrecita no era la juguetona de siempre. Estaba tiesa, paralizada, sin parpadear y probablemente sin respirar, no lo sabíamos. ¡No teníamos idea de lo que le estaba pasando! Pero de repente, la bolsa vacía de malvaviscos fue la que la delató.

Nuestra pequeña princesa había "pecado." Se había comido el equivalente a su peso en malvaviscos. Literalmente, estaba rellena. Y, como el resto de nosotros que tenemos conciencia, ya no pudo mantenerlo dentro por más tiempo. Antes de que siquiera pudiéramos saber si estaba en peligro, su cuerpecito decidió que era tiempo de "confesar." Su vientre hinchado comenzó a crecerle y al momento su boca se abrió y Missy comenzó a bombear crema de malvavisco por todo el piso. Durante un minuto pudimos ver con nuestros ojos estupefactos esta humillante "confesión", mientras los malvaviscos líquidos continuaban fluyendo. Pero, así como había comenzado, se detuvo, y Missy, ahora libre de la presión de lo que la había enfermado, volvió a su estado normal y feliz.

Es quizás un ejemplo muy simple, pero es un poco a lo que se parece la vulnerabilidad. Si lo hacemos de la forma en la que Dios nos instruye podemos ser libres del pecado y la vergüenza. Podemos echar fuera las cosas que nos han estado infectando, permitiendo que el amor de Dios se vierta en nosotros y nos restaure a nuestro diseño original. Puede asustarnos y resultar un poco fuera de control, pero la paz y la libertad lo ameritan.

Dejar de ocultarnos

La alternativa a la vulnerabilidad es vivir escondidos y desconectados. Es natural querer ocultar nuestros errores. Adán y Eva se escondieron de Dios, sintiéndose repentinamente expuestos por sus propias malas decisiones (ver Génesis 3:8). Pero una vez que, por miedo, escondemos nuestros corazones, también dejamos de recibir el amor y la conexión que necesitamos. Digamos que estoy en la iglesia, orando por la gente que está en la fila de oración, y entonces alguien viene a animarme, y me dice: "Eres un gran hombre de Dios. Dios te ama tanto, Ken. Estoy muy impresionado contigo."

Si yo he estado viviendo una vida con pecados sin confesar, no siendo vulnerable respecto a mis errores, entonces todas aquellas palabras que deberían traer vida caen a piso. Automáticamente voy a cerrarme para recibir esas palabras de ánimo. Debido a mi propia vergüenza y ocultamiento rechazaré esas palabras de amor con las que Dios pretendía animarme y sanarme. Y diré para mis adentros: "si este tipo supiera quién soy, o lo que hice la semana pasada, no me valoraría así, ni diría estas cosas lindas de mí." Mi falta de vulnerabilidad crearía una barrera entre mi corazón y el amor incondicional de Dios, aislándome en mi pecado y sujetándome a la influencia del acusador de los hermanos: satanás.

Cuando optamos por vivir valientemente, siendo vulnerables, la libertad y la sanidad se convierten en nuestra recompensa. Hay ocasiones en las que tenemos tanto dolor que simplemente estallamos sobre la persona que tengamos más cerca. Pero, en cambio, ser vulnerables con sabiduría es escoger a la persona, o personas, con quienes queremos compartir nuestro dolor. Escogemos a las personas que nos parecen dignas de confianza, que sabemos que van a cubrirnos y sabrán manejar la información que compartimos con ellas. Pero también vamos a querer ser vulnerables con aquellas personas que definen lo que es bueno de acuerdo con nuestros valores cristianos. Si somos nuevos en esto de la vulnerabilidad, puede parecernos tentador el compartir nuestro pecado solamente con gente que va a sacudirnos suavemente por encima y tranquilizar nuestra conciencia. Pero en vez de eso, necesitamos buscar personas que van a hablarnos la verdad en amor, que también saben que el mejor plan de Dios para nosotros no contempla la homosexualidad.

Queremos estar seguros de que hemos elegido ser vulnerables con personas que están inclinados a Dios y que nos guiarán en la dirección correcta. Elizabeth Woning los dice así:

> Permitirnos ser vistos de esta forma con amigos dignos de confianza quebranta el poder de la vergüenza que nos ha hecho sentir rechazados por los demás y nos da también un estándar (nuestra verdadera identidad) por el cual vivir. Mientras la vergüenza nos hace sentir que hay algo oculto (incluso desconocido para nosotros mismos) que hace que otros nos rechacen, la vulnerabilidad nos da la oportunidad de pertenecer y de ser completamente vistos y conocidos. Esto nos da la oportunidad de caminar juntos con los demás, siendo auténticos. ¡Por fin podremos ser nosotros mismos! Y podremos también vernos como aquel hombre o mujer que Dios hizo.

Una buena amiga mía, Carmen Vaught, experimentó el poder de la vulnerabilidad en su proceso para salir del lesbianismo:

> Para mí, la vida parecía fuera de control. Fue una constante batalla para encontrar la paz en quien era, y probar que yo era buena. Cuando comencé a tener sentimientos hacia otras chicas vino la confusión. No encontraba un lugar seguro donde hablar de ello, y creía que la vergüenza que tenía solamente crecería si admitía cómo me sentía. Puesto que yo no era como las demás chicas y me sentía rechazada por los chicos que me gustaban, me sentía indigna en mi feminidad. Al inicio de mi etapa veinteañera

comencé a reunirme con gente de la comunidad LGBTQ, y finalmente sentí que encajaba.

Esta comunidad abogó para que saliera del armario. En la medida en que yo corría a los brazos de este supuesto amor, en realidad mi vergüenza y mi auto desprecio iban creciendo y yo sentía que la gente en la iglesia y mi familia también me aborrecían. Creía que, si mi familia aceptaba mi sexualidad, entonces estaría en paz y la vida sería maravillosa.

Después de doce años de separación y dolores de cabeza con mi familia, ellos comenzaron a expresarme su amor y admiración por mí y manifestaron su deseo de relacionarse. Yo sabía bien que ellos no estaban de acuerdo con mi estilo de vida, sin embargo, podía sentir su amor por mí. Creí que eso me haría sentir extasiada, pero en realidad mi pensamiento era: "Quizás yo soy la que no acepta esta vida para mí misma."

Seis meses más tarde, mi novia, con la que llevaba tres años, me engañó y me dejó. Me sentí miserable. Esta vida, en vez de darme la llenura que yo había buscado, me había dejado por los suelos. Estaba tan asustada como para huir de esa identidad porque yo no sabía quién sería sin ella. Hasta que le dije a Dios: "No tengo idea de quién soy, pero Tú fuiste el que me creó, así que Tú vas a tener que decírmelo."

Decidí regresar a la iglesia. En mi primera visita observé una invitación para: "un grupo de sanidad y apoyo, Cristo céntrico, para todos los que buscan la gracia y la verdad en su sexualidad y su relación con Dios." Así que asistí a una primera reunión y cuando fue mi turno de compartir por qué estaba allí, todo lo que pude decir entre lágrimas fue "auto estima." Este ministerio fue mi lugar de sanidad. Por primera vez en mi vida sentí que podía compartir mi dolor con otras personas. Nos reunimos por varios meses, descubriendo nuestras heridas, y me mostraron amor en cada paso de mi camino, incluso en mis fracasos. Esta clase de amor me ofrecía esperanza, no solamente algo para adormecer mi dolor.

Mientras miraba a Jesús, mi corazón cambió, y comencé a entender quien Dios me creó para ser. Acepté tener una relación con Él, y no un montón de reglas. Ahora la batalla interior se ha terminado y puedo caminar en paz en mi verdadera identidad. Me encanta ser quien soy y que soy distinta a muchas otras mujeres. Ahora mi vida tiene mucho propósito. Puedo usar mi profesión como fotógrafa para el ministerio, viajar alrededor del mundo y traer esperanza a otros con mi historia que habla del amor de Dios. ¡Sus planes son muchísimo mejores que cualquier cosa que yo hubiera podido imaginar![4]

Quebrantando la vergüenza

El obstáculo más grande para el poder de la vulnerabilidad es la vergüenza. La vergüenza nos miente diciéndonos que nos somos dignos de ser amados por razón de lo que hicimos. Se centra en tirar nuestra identidad hasta que repitamos la mentira "yo soy malo", en vez de sentir la genuina convicción que dice "yo hice algo malo". Pero la verdad es: Jesucristo vino para hacernos libres de toda forma de vergüenza y de condenación (ver Romanos 8:1). Una vez que le hemos dado nuestras vidas a Jesús, tenemos un campeón de justicia de nuestro lado. El Espíritu Santo nos conforta guiándonos a la verdad que nos hará libres. Él nos aparta de las acciones de pecado que nos destruían y nos ofrece redención en todo momento.

Estos fueron nuevos pensamientos para mí cuando iba avanzando en mi batalla con la identidad sexual durante mis años en la escuela ministerial. Al menos, nunca antes había creído estas verdades. Comencé a reunirme con un hombre que también se llamaba Ken. Durante unos años me veía con regularidad para ayudarme. Él había tenido un estilo de vida gay, pero había tenido su propio proceso hacia la plenitud, y ahora él estaba liderando un programa de *Living Waters* (el mismo ministerio que mi amiga Liz mencionó en el capítulo 2) para las personas que están batallando con problemas sexuales y de relación, al que yo asistía. Cierto domingo, él trajo a colación el concepto de la vergüenza y empezó a enseñarme sobre mi identidad como hijo de Dios. Las cosas que me decía eran extraordinarias y me quitaron un peso de encima. Regresé a casa pensando en esta nueva revelación y escribí en mi diario:

> Hoy fue un día maravilloso. A las 4:00 vi a Ken por más de una hora. Él me parece estar 100% libre de toda tendencia homosexual y dice que lo está. Me aseguró que yo también puedo. Él sintió que lo más importante de lo que debo liberarme es la vergüenza. Me recordó cómo, después de Romanos 7, Pablo dice (en Romanos 8:1) que no hay condenación para los que están en Cristo Jesús. Dijo que necesito descansar, descansar y descansar. Necesito reconocer que estoy bien con Dios, así como estoy. Ya tengo todo el favor que voy a recibir de Él. No puedo tener más. Necesito imaginarme estando bien con Él, y

> que Él está sosteniéndome. Para mí, cuando me dijo que Dios no está esperando que yo sepa cómo ser perfecto fue el momento emotivo. Ese es el trabajo de un padre, enseñarme el camino. Eso fue bastante liberador y me quitó la vergüenza al saber que Dios no espera que yo sea perfecto. También me preguntó si entendía que el pecado para mí era verme de una manera distinta a la forma en que Dios me ve. Dijo que a Dios no le agrada que la gente lastime a sus hijos o ensucie sus almas. Así que necesito arrepentirme y abstenerme de verme como algo distinto a ser redimido por la sangre de Jesús.

A Dios no solo le importa cómo me porto, le importa mi corazón. Quiere que traiga a Él todos mis fracasos, todos mis pecados sexuales y todas las falsas identidades que adopté. Su deseo es que yo deposite todo esto a sus pies para que Él pueda quitar de mi vida la carga del pecado y restaurarme a Su libertad. No es mi trabajo ser un cristiano perfecto; mi trabajo es abrir mi corazón al poder transformador de la gracia de Dios. Ya no soy culpable. Jesús se llevó todo eso a la cruz. Yo puedo dejar mi vergüenza en las manos confiables de Jesús y dejar que su fortaleza invada cada área de debilidad en mi vida.

Arrepentimiento y Confesión

El Espíritu Santo nunca nos hace sentir vergüenza por nuestro dolor o pecado, sino que nos empodera para que seamos cada vez más como Jesús. Pero esto no sucede sin las acciones vulnerable de confesar el dolor y el pecado en nuestras vidas y volvernos para recibir la misericordia de Dios. La Biblia nos dice que nos confesemos unos con otros, y con el Señor. Las Escrituras están llenas con versículos que nos animan a confesar nuestros pecados, pero siempre llevan una promesa ligada a esa acción. Si confesamos nuestros pecados, Dios nos perdonará y nos mostrará misericordia (ver Proverbios 28:13), y levantará a los que se humillen (ver Santiago 4:10).

La confesión y el arrepentimiento comienzan cuando nos sentimos mal por algo que hicimos. Pero no es lo mismo que la vergüenza. Es sano lamentarnos y permitirnos sentirnos decepcionados por nuestras acciones, pero aquí no termina todo. El arrepentimiento significa "dar la vuelta", así que cuando sintamos la convicción del Espíritu Santo, podemos llevar nuestro dolor al Señor y a cualquier otra persona a quien hayamos afectado, dejando que la posición vulnerable de la confesión haga su trabajo en nosotros. Confesamos, pedimos perdón al Señor y a otras personas, y entonces nos volvemos de nuestras acciones y nos dirigimos hacia la libertad.

Para aquellos de nosotros que actualmente estamos buscando esa plenitud en el ámbito de lo sexual, existen algunas áreas comunes en las que el arrepentimiento es necesario. La primera es el orgullo. Con frecuencia, cuando hemos estado ocultándonos en la vergüenza de forma tan profunda podemos haber construido una estructura de protección sobre nuestros corazones, como una forma de cubrir la vergüenza. Es demasiado doloroso considerar todo lo pecadores fuimos, de manera que, inconscientemente creamos nuestra propia forma de afirmarnos, considerándonos mejores que los demás. El orgullo muchas veces se manifiesta en nuestras vidas como ofensa y como ira. Si no nos volvemos del orgullo no podremos someternos del señorío de Jesús, ni permitir que Su amor nos toque. Confesar y arrepentirnos de la lujuria o de los pecados sexuales es también un punto importante. Si no nos distanciamos de los pecados sexuales el enemigo puede usar esto en contra nuestra trayendo vergüenza y condenación, deteniendo nuestro crecimiento y nuestra capacidad de recibir todo el amor sanador de Dios.

Sin embargo, no solamente soltamos el pecado a través de la confesión. En la medida en que vamos avanzando en este proceso hacia la plenitud, existen en nuestros corazones profundos focos de dolor emocional que también pueden ser liberados. Conforme nos vayamos adentrando en la vulnerabilidad, muchas veces El Señor permitirá que ese dolor salga a la superficie para que pueda recibir la tierna compasión de los demás para que nos traiga ánimo. Cuando encontramos a estas personas en las que podemos confiar podemos abrirles estas áreas de dolor, permitiéndole al Señor hablarnos con Su verdad y amor en esa situación.

Para mí fue muy doloroso que mis compañeros de la escuela me pusieran sobrenombres, pero años más tarde cuando lo compartí con las personas en quienes confiaba, pude escucharlos decirme: "Ken, siento tanto que esos chicos te llamaran marica en el patio de juegos de la escuela. Eso no es lo que tú eres. Yo no te veo así; tú eres un valiente hombre de Dios." Y así, en este sencillo intercambio de compasión, pude liberarme de esa supurante área de dolor y clavarla en la cruz. Toda clase de injusticia y crueldad que hemos experimentado alguna vez fue llevada a la cruz por Jesucristo. Y cuando soltamos nuestro dolor, y se lo entregamos a Él, podemos participar de la obra redentora de Su resurrección.

La recompensa

Al otro lado de la incomodidad de la vulnerabilidad nos espera una vida de creciente intimidad con Dios y con la gente. Eso es lo que ha descubierto mi amigo Andrew Franklin, y lo que cambió el curso de su vida. Andrew creció luchando en secreto con la atracción al mismo sexo. Creció en la iglesia, y allí escuchaba a gente que chismear de la sexualidad de otros miembros de la iglesia. Temiendo ser rechazado sepultó sus sentimientos y se volvió a la fantasía y la masturbación. Pero esta no era una vida feliz. "No experimentaba ninguna alegría, porque vivía bajo el peso de todos mis secretos." Clamaba a Dios para que lo arreglara, pero nada cambió.

Cuando fue a la universidad pudo ver a personas viviendo abiertamente con un estilo de vida homosexual. Entonces, atraído por una vida ausente de vergüenza, pronto se declaró gay. Al principio se sintió liberado de todo el secreto en la medida en que perseguía sus propios deseos. Sin embargo, lo que encontró no fue muy atractivo. "Descubrí lo mal amigo que era. Era infiel a mis parejas, teniendo experiencias de una noche que me dejaban sintiendo algo así como 'Auch, estoy haciendo de mi vida un caos.' Me di cuenta de que, aunque al principio me sentí liberado, seguía estando bajo el peso de muchísima culpa y vergüenza por las decisiones que estaba tomando y no sabía cómo tomar otras."

Una mañana Andrew se despertó luego de una noche de fiesta, solo para darse cuenta de que la noche anterior había tratado de forzar a alguien para tener sexo con él. Estando cara a cara con quien él se había convertido, dijo para sus adentros: *Yo no querría ser mi amigo. Yo no querría estar conmigo. No soy una persona segura.* En ese momento abrió su corazón completamente al Señor y le entregó las riendas de su vida. Cuando clamó a Dios, la misericordia de Jesús lo lavó y escuchó a Dios decirle: "Andrew, yo no estoy enojado contigo."

Por primera vez, desde que tiene memoria, Andrew fue libre de la culpa y la vergüenza. Tan pronto como decidió ser vulnerable ante el Señor, pudo encontrarse con la amante presencia de Dios y su interminable gracia. El siguiente paso era ser vulnerable con algunas personas dignas de confianza. "Recibí buen consejo y también un buen ambiente en la iglesia. Pude ver que podía hablar con Dios de cualquier cosa y no tenía que esconderme o que repararme para poder agradar a Dios. Podía hablar de mi dolor. Podía hablar con mis amigos de la iglesia sobre mi dolor y mis luchas, y podía recibir apoyo cuando lo necesitaba." Esto cambió todo respecto a cómo relacionarse con Dios, con los demás, y consigo mismo.

Pronto, no necesitó etiquetarse como gay para darles sentido a los hombres alrededor de él. Se dio cuenta de que Dios lo había hecho hombre, y eso era suficiente. Comenzó a abrir su mundo para incluir en él a otras personas dignas de confianza. "Dios usó a algunos hombres mayores y a mis amigos para mostrarme lo que significa ser un hombre. Así que empecé a sentirme cómodo dentro de mí, siendo hombre." Siete años después de haber dado su vida a Cristo conoció y se casó con una estupenda mujer con quien ahora tiene cuatro hijos. Pero su atracción al mismo sexo no desapareció completamente. "De vez en cuando, la atracción hacia personas de mi mismo sexo puede seguir siendo parte de mi vida, pero lo que ha cambiado es que ahora ya no tiene autoridad sobre mí. Y cuando la siento, sé que puedo volver a Dios a preguntarle qué sucedió. ¿Estoy solo en este momento, o estoy siendo parte de mi comunidad? Puedo hablar con Dios y luego ir con mis amigos y decirles: 'Me está pasando esto, ¿podrías orar por mí?'" El proceso de vulnerabilidad de Andrew abre continuamente la puerta para una rápida restauración con Dios, con él mismo y con su comunidad. Él ha encontrado esta apertura y forma de vida llenos de plenitud y de vida.[5]

Decisiones como estas son los ladrillos de una vida en intimidad. Dios nos invita a acercarnos confiadamente al trono de gracia (ver Hebreos 4:16). Él no está enojado, esperando que caigamos para que pueda repartir castigos. Al contrario, Él está de nuestro lado, aplaudiéndonos cada vez que damos un paso, esperando y listo para quitar el pecado y el dolor de nuestros corazones y guiarnos en libertad. Necesitamos llevar lo peor de nosotros mismos ante el trono de Dios y Él amablemente nos recuerda quiénes nos hizo ser. Necesitamos dejar de ser nuestros propios jueces y jurado, castigándonos con soledad y vergüenza y, en vez de eso, someternos al Padre más gentil y empoderador que nos invita a una intimidad con Él y con otras personas. Él ha hecho un lugar para que bajemos la guardia, soltemos el control sobre nuestras propias vidas y recibamos su amor incondicional. ¡Tiene tanta libertad para nosotros esperándonos del otro lado!

Preguntas para ti

- Los amigos que te impulsan hacia la visión de Dios para tu vida, ¿realmente te conocen, saben quién eres realmente? ¿Les avisas cuando te sientes débil o fracasas?
- ¿Qué aspectos de tu vida ocultas de tus amigos y de tu familia?
- Si lo haces, ¿por qué los ocultas de las personas a las que les importas?
- ¿Existe algún pecado de tu pasado o presente del que no has hablado con nadie? Si es el caso, cómo te sentirías contándolo a una persona de toda tu confianza, y que no fueras rechazado sino abrazado por esa persona?
- ¿Qué puedes hacer para hacer crecer tu vulnerabilidad con las personas confiables que hay en tu vida?

Activaciones

- **Las cosas ocultas:** pasa algún tiempo con el Señor y pregúntale por qué has escondido ciertas áreas de tu vida de tus amigos y familiares. Anota lo que Él te diga.
- **"El Poder de la Vulnerabilidad" de la Dra. Brené Brown:** Ve este vídeo (20' 49" de duración) en YouTube. Toma notas sobre qué es la vulnerabilidad y lo que te ofrece.
- **Ponte al corriente:** Proponte ser conocido por tus seres queridos y ser más vulnerable con ellos. Revisa la descripción de cuáles son las personas ideales con las cuales ser vulnerables que está en la sección "Dejar de Ocultarnos" de este capítulo. Piensa en los aspectos de ti o de tu conducta que sientas que debes compartir y con quién lo harías. Haz un plan definitivo de cuándo y dónde encontrarte con esa persona y compartirle lo que estás sintiendo compartir. Entonces, pídele que ore por ti y agradécele por ser alguien en quien puedas confiar. Finalmente, pregúntale cómo se siente, escucha bien lo que te diga y demuestra que tú también eres un lugar seguro para su vulnerabilidad.

Notas

1. Brené Brown, "The Power of Vulnerability," video en YouTube, duración 20:49, Publicado por TED en Enero 3, 2011, https://www.youtube.com/watch?v=iCvmsMzlF7o.

2. Brené Brown, "Listening to Shame," vídeo de YouTube, duración 20:38, Publicado por TED en Marzo 16, 2012, https://www.youtube.com/watch?v=psN1DORYYV0.
3. Kris Vallotton, "The Power of Authenticity," sermón en línea, duración 18:00, BethelTV.
4. Carmen Vaught, *CHANGED: #oncegay Stories,* https://changedmovement.com/stories/carmen-vaught.
5. Testimonio: Andrew Franklin, in discussion with *CHANGED Movement* staff, 2019.

Capítulo 5

RENDIDOS

Aunque el concepto de vulnerabilidad se ha vuelto recientemente cada vez más atractivo, el de la rendición es todo, menos sexy. La imagen que viene a la mente de la mayoría de la gente es la de una bandera blanca ondeando en un campo de batalla, la de un perdedor vencido, derrotado. Nuestra cultura occidental celebra a las personas que luchan por sus derechos, su definición subjetiva de la verdad y su libertad para identificar basada en los sentimientos. En esta era postmoderna estamos rodeados por una cultura que celebra la habilidad de la gente para crear su propia realidad.

El problema es que esta mentalidad no trae satisfacción ni plenitud. Nuestros conceptos humanos de libertad y felicidad pueden torcerse fácilmente. Mientras el mundo promueve una versión solipsista[1] del cuidado de uno mismo, Jesús dice que *"Hay más dicha en dar que en recibir"* (Hechos 20:35). Aquí Dios no está simplemente dándonos un mandamiento; nos está compartiendo la verdad de nuestro diseño mismo. Fuimos creados por nuestro Padre deliberadamente para ser bendecidos cuando damos a los demás, para ser la mejor versión de nosotros mismos cuando conectamos con Él como sus hijos pequeños y para encontrar verdadera libertad cuando seguimos el liderazgo de Jesús en lugar del nuestro propio. Si escogemos rendirnos a las formas de Jesús, todo cambiará.

Pero es en este punto —tomar la decisión de rendirnos— donde observo que la mayoría de la gente se queda atorada. Renunciar al control de nuestras vidas puede ser legítimamente aterrador, especialmente si no hemos conocido a Dios como un buen Padre. Podemos ser tentados a aferrarnos al poder, creyendo que sabemos mejor que Dios lo que necesitamos. ¿O no fue así como la serpiente abordó a Eva cuando la convenció de morder el fruto prohibido? El enemigo está tratando constantemente de decirnos que confiar en Jesús es peligroso, que nos extraviaremos, que Dios solo trata de controlarnos y que estaríamos mejor si nos abandonáramos a nuestra suerte. Sin embargo, la historia humana comprueba que todo eso es mentira. Dios nos dice que no tengamos otros dioses delante de Él (ver Éxodo 20:3). Nada ha de estar antes que Su dominio sobre nuestras vidas.

Un muy buen Padre

Estas no son simples ideas vagas y amables. La Biblia dice que tenemos que ofrecer nuestros *"cuerpos como sacrificio vivo, santo y agradable a Dios"* (Romanos 12:1 RVA 2015). Adoramos a Dios con nuestras mentes, nuestras emociones y nuestros cuerpos. Estas son nuestras ofrendas, un asunto muy serio. Pero la gran noticia es que Aquel, al que estamos llamados a rendirnos completamente, no es del mismo calibre que nuestros jefes, vecinos, ni incluso de nuestros padres terrenales. Podemos entregarle las riendas de nuestras vidas con confianza, descansando en la bondad y la fidelidad de Dios. Él es quien está detrás de las Buenas Noticias. Él dice que Su Reino es *"de justicia, paz y alegría"* (Romanos 14:17). Él nos trajo el Cielo y el Jardín del Edén. Él es ante quien estamos rindiendo nuestras vidas.

Como parte de mi proceso, yo me reunía con Ken. Una noche él estaba orando por mí, ministrándome y guiándome a orar con él. Cuando estaba profundamente conectado en ese momento tan sensible, escuché cómo metió potencia al momento y me dijo: "Bien, ahora di: ´te entrego mi derecho de sentir gratificación sexual por parte de otro hombre, para siempre.´"

Me quedé paralizado. Podía entender las palabras que me estaba diciendo, pero me di cuenta de que no podía decirlo. Estaba desconcertado. Mis últimos 15 años los había pasado leyendo libros de transformación, cinco años de consejería profesional semanal, y dos programas de nueve meses de duración dirigidos a salir de la homosexualidad. ¿Cómo era posible que hubiera pasado cientos de horas tratando de resolver este asunto importantísimo para mi vida y no estar dispuesto a renunciar a mi derecho de ser gratificado sexualmente por otro hombre?

Cuando me di cuenta de que no podía hacer esa oración le dije a Ken: "Perdón, pero creo que necesito tomarme el fin de semana para pensar en esto."

Con todo el cariño, después de trabajar juntos, Ken simplemente sacudió su cabeza y se rio: "Estás muy enredado, Ken. Pero está bien. Tómate tu tiempo."

Yo sabía bien que había tropezado con algo importante. Jesús era el salvador de mi vida, pero era claro que aún no era el Señor de mi vida. Y yo sabía bien que ese era el problema. Necesitaba considerar realmente lo que significaba hacer esa oración de rendición. "¿Qué tal si ya no vuelvo a tener un orgasmo? ¿Y qué tal si mi atracción por otros hombres no se apaga nunca? ¿Y qué tal si nunca llego a encontrar plenitud sexual con una mujer?" Tuve que poner estas posibilidades ante mí para que pudiera escoger rendirme ante mi realidad en

105

ese momento; no solamente rendirme si Dios venía a ayudarme de la manera en que yo me imaginaba.

Sin embargo, cuando pasó el fin de semana había comenzado a centrarme en quien yo sabía que era Dios. Me di cuenta de que Él tenía un muy buen puntaje cuando se trataba de brindarme ayuda en aquellas áreas de mi vida en las que yo me había vuelto hacia Él. Jesús había muerto en la cruz por mis pecados. Algunas de mis decisiones le habían causado una completa agonía, y sin embargo, siempre buscaba tener una relación conmigo. Y aún más que eso, me amaba de una manera extravagante. Así que la siguiente semana oré y tomé en serio una importante decisión sobre mi vida. Con todo mi corazón renuncié de por vida a todos mis derechos de recibir gratificación sexual por parte de un hombre. Y con esa decisión, di el paso hacia una de mis mayores victorias de todos los tiempos.

Sin ser consciente de ello, me había aferrado a cierto control sobre mi sexualidad, guardándolo como si fuera una red de seguridad en mi bolsillo. Cuando lo deposité completamente ante los pies de Dios, mi mente se programó de una nueva manera. Las Escrituras dicen que *"El hombre de doble ánimo es inestable en todos sus caminos."* (Santiago 1:8 RVA 2015). De pronto yo ya no era inestable; mis pies estaban bien plantados en la tierra; mis huevos estaban en la canasta de Dios y mi mente se centró únicamente en seguir a Jesús. Cuando venía la tentación no necesitaba tomar una decisión, porque ya estaba tomada: desvestir a los hombres con la mirada lastimaba al corazón de Dios, así que esa no era una opción. La pornografía quedó completamente fuera de mis límites. Un orgasmo jamás involucraría a un hombre. Sacrifiqué todos esos placeres culposos a cambio de la alegría de poder descansar y decir "Estoy completo solo cuando sigo únicamente a Cristo."

Renuncié a mis derechos de gratificación sexual y Él me trajo más de lo que yo me hubiera imaginado. Bill Johnson dice que "el fuego cae sobre el sacrificio." Podemos entregar toda nuestra vida a Sus pies, pero pronto descubriremos que no podemos dar más que Él. Él es mejor que nosotros y más generoso de lo que podemos imaginar. No podemos escoger entregar para recibir algo porque a menudo lo que Él nos devuelve es diferente de lo que tenemos en mente. Pero siempre es mejor así, Él tiene toda la eternidad para mostrarnos su generosidad. Santiago nos dice: "*Así que sométanse a Dios. Resistan al diablo, y él huirá de ustedes. Acérquense a Dios, y él se acercará a ustedes... Humíllense delante del Señor, y él los exaltará*" (Santiago 4:7-10).

Cuando decidimos genuina y profundamente rendir nuestra voluntad a Dios, el enemigo, ese acusador de nuestros hermanos que nos persigue con perversiones, deseos y dolor, huye despavorido; mientras que el Señor, el Creador íntimo de nuestras vidas, se acerca a nosotros. Él nos levanta más alto de lo que nosotros podríamos levantarnos. Detente por un momento y piénsalo: rendir el control de mi sexualidad transformó completamente mi vida.

Rindiendo las conductas nocivas

Cuando elegimos rendir nuestras vidas a Él, una parte de eso consiste en rendir las conductas dañinas que han restringido nuestra capacidad de experimentar intimidad con Él, con los demás, e incluso con nuestros propios corazones. Este proceso debe hacerse con el Espíritu Santo porque lo que Dios nos pide rendir es increíblemente personal. Ya sea que nos invite a descontinuar ciertas actividades para siempre o solo por un tiempo, Él lo sabe todo y trabaja para responder nuestras propias oraciones sobre el futuro. Debemos confiar que Dios Padre conoce bien lo que necesitamos.

Las conductas más obvias que tenemos que abandonar son todo tipo de pecado sexual. Ya sea que se trate de actos sexuales con alguien distinto a nuestro cónyuge del sexo opuesto, o ver pornografía para satisfacer nuestras necesidades de intimidad, estas conductas deben terminar. Para los que estamos casados, el pecado sexual puede ser especialmente penoso por el dolor que causa a nuestras esposas o esposos. Esta conducta, junto con cualquier otra actividad ilegal, debe resolverse inmediatamente. Se necesita hacer confesiones honestas y procurar la ayuda de un pastor o un consejero. Hacerlo será una dolorosa demostración de entrega y rendición, pero también el inicio de la restauración y la libertad. El pecado sexual daña nuestra capacidad de recibir y brindar intimidad, y puede incluso dañar nuestros cuerpos físicos, así que no podemos permitir que permanezca en nuestras vidas. Afortunadamente Romanos 6 nos promete libertad del dominio del pecado, como lo discutiremos más adelante en el capítulo 7.

De la misma forma, la pornografía actúa como una máscara para cubrir las verdaderas necesidades de nuestros corazones. Se ha vuelto tan generalizada en nuestra sociedad contemporánea que hay cristianos que aseguran que no es un gran problema, pero eso es mentira. El porno abre espacio a la lujuria y por tanto, entristece el corazón de Dios. Es increíblemente destructiva para los patrones de pensamiento en nuestra mente, para la capacidad de relacionarnos con los demás, y para la vida sexual con nuestros cónyuges. Liberarse del pecado sexual, para algunos, es un proceso turbulento. Pero recordemos que hay gracia si llegamos a caer en los pecados sexuales mientras vamos abriéndonos camino a lo largo de este viaje hacia la plenitud. Pero también necesitamos sentar cabeza y darnos cuenta de que el enemigo trabaja para destruir nuestras vidas con este pecado. Yo suelo decir: "trata el pecado sexual como si fuera cáncer. Haz todo lo que sea posible para deshacerte de él. Te está robando la vida que Dios tiene para ti." El truco, sin embargo, está en cómo lo abordamos. Necesitamos acercarnos al Espíritu Santo, mirarlo y seguir su guía. Él nos guiará para salir de todo tipo de conducta sexual cuando nos hayamos rendido profundamente y caminado con Él.

Hoy en día puedo confiar en mí mismo cuando tengo un teléfono inteligente, pero cuando estaba en medio de mi batalla, no podía refrenar mis conductas sexuales debido al fácil acceso a la tentación que ofrece un teléfono. De manera que Dios me guio a quitar de mi vida, por un tiempo, algunos objetos de tentación que pudieran ser familiares para ayudarme a tener más éxito en mi camino de pureza y finalmente eso me hizo crecer en la capacidad de manejar diferentes libertades. Dios ha prometido dirigir nuestros caminos cuando confiamos en Él, así que Él va a mostrarnos las cosas que necesitamos rendir. Para unos serán ser ciertas películas, para otros pueden ser todas. Algunas personas necesitarán rendir su tiempo privado en la computadora, incluso si viven solos, mientras que otros pueden necesitar descargar algún programa como *Covenant Eyes*, que funciona reportando todo el uso de nuestra computadora a alguna persona a quien previamente escogimos para rendirle cuentas en nuestro proceso. Este es el punto: mientras sigamos tropezando con la tentación y justificando el pecado, estaremos ralentizando significativamente nuestro proceso hacia la libertad. Así que necesitamos obedecer al Señor y rendir a Él lo que nos pide. Él sabe ante qué cosas cederemos, y ante cuáles no. Él se compromete a guiarnos hacia esa plenitud, y sabe cómo guiarnos allí. Es más fácil de hacer cuando somos vulnerables sobre nuestras debilidades y tentaciones con personas de confianza y les mantenemos informados de cuáles son las cosas que estamos comprometiéndonos a rendir.

En este tenor, también sería bueno echar una muy honesta ojeada a los diferentes tipos de conductas adictivas, ya fuera en el ámbito sexual, o en cualquier otro. Si hay algo —ya sea alcohol, drogas, video juegos, masturbación, comida, televisión, o pasar tiempo en el teléfono— que de forma efectiva esté insensibilizando nuestra realidad o enmascara el dolor, podemos simplemente preguntarle al Espíritu Santo si desea que lo rindamos. Las adicciones son como analgésicos, agentes adormecedores que nos impiden vivir plenamente y estar plenamente conscientes. Puede ser desmoralizante dejar ir lo que, en algunos casos, nos ha confortado. Es posible que sintamos que no hay manera de que salgamos adelante sin nuestra muleta. Pero nuestra meta no es la perfección. Dios pide corazones humildes y nuestra disposición de rendirnos y de seguir adelante (ver Santiago 4:1-10). Él será fiel para encontrarse con nosotros con consuelo, consejo y llevándonos a atravesar los obstáculos cuando caminamos a través de este proceso. Nos dará la gracia para seguir Su instrucción. En escenarios como este, también vamos a necesitar pedir apoyo, ánimo y oración a nuestros amigos de confianza porque ellos también pueden confiar en el consejo y ánimo de Dios, guiándonos hacia la victoria y la libertad.

Cuando el Señor nos invita a rendirle algo es para nuestra protección. Es una oportunidad de entregar nuestro orgullo y de practicar cómo permitir que sea realmente el Señor de nuestras vidas. No podemos esperar recibir las promesas de Dios —libertad, paz, justicia, alegría— si no lo seguimos. La obediencia es el atajo en este camino, así de sencillo. Obedecemos Su guía y entonces podemos experimentar la paz y el triunfo que viene cuando rendimos nuestras vidas a Su liderazgo. Él dio su vida para nuestra libertad, así que tenemos que posicionarnos de forma tal que la experimentemos.

Si vivimos nuestra vida en nuestros propios términos la mayor parte del día y luego esperamos que Dios se nos aparezca en nuestro momento de dificultad, ya perdimos. El secreto es la cercanía, esa clase de relación con Dios que lo consume todo, donde nunca cambiamos de tema. Mi amigo Drew Berryessa dice: "Yo comencé a considerar cómo vivía en los momentos *intermedios* entre los pecados evidentes. Estaba claro que había en mí comportamientos habituales que constantemente embotaban mi corazón y mi sensibilidad hacia el Señor y alejaban mi corazón de conectar con el Espíritu Santo".[2] Pero conforme Drew se fue haciendo más sensible a honrar la presencia del Señor en los momentos *intermedios*, se centró de vuelta en el Señor, y de manera proactiva sustituyó esos comportamientos negativos con los que traen vida, así los comportamientos negativos desaparecieron. Al mundo le parece imposible esta clase de libertad del porno y de los pecados sexuales. Pero con Dios y con la comunidad de gente que Él ha puesto en nuestra vida, todas las cosas son posibles. "*Cristo nos libertó para que vivamos en libertad.*" (Gálatas 5:1 NVI).

La Rendición del Juicio

Apuesto a que todos los que han luchado con la atracción por el mismo sexo pueden identificarse con el juicio. Muchos tenemos historias desgarradoras sobre cómo fuimos juzgados por nuestros compañeros, e incluso por adultos que se suponía que nos protegerían. Se trata de un efecto traumatizante en los corazones y mentes de cada persona, especialmente los que luchan con su identidad personal en algún nivel muy íntimo. No hay excusa que justifique el *bullying*, la burla, el rechazo o el abuso emocional que han sufrido muchas personas identificadas como *gays*. Sin embargo, a veces, las personas que han sido severamente juzgadas pueden hacer del orgullo y el juicio hacia sí mismas una barrera que protege sus corazones de la gente que podría causarles dolor.

Yo lo hice con los hombres. Como lo describí anteriormente, me sentía inseguro estando cerca de los de mi propio sexo biológico; no podía encajar con los chicos. Entonces, a manera de prevenir el rechazo inevitable de los demás hombres, juzgaba tanto el concepto de sexualidad como el de masculinidad como "inferiores". Pero cuando hacemos juicios como esos, lo que estamos haciendo básicamente es echar a Dios del trono, declarando que nuestras ideas sobre la creación, sobre la sexualidad y sobre el mundo son superiores a las de Él. Dicha actitud es ingenua e irrespetuosa. Él es el Creador del universo y nosotros somos su creación. Nos toca mantener eso en nuestra mente y rendir nuestros juicios ante Sus pies.

Así como escondernos detrás del orgullo y el desdén nos transmite cierta seguridad, también nos impide someternos completamente a Dios. El orgullo se levanta por encima de los demás y menosprecia sus debilidades, pero rendirnos a Dios es una obra de humildad. Una relación verdadera, profunda y significativa con Él nos demanda estar de rodillas y admitir que no sabemos lo que hacemos. Nos mueve a renunciar a nuestros derechos de retener los juicios sobre los demás y a alinear plenamente nuestras mentes con Dios. Rendirnos significa que sometemos nuestras varas de medir personales, tomamos la mano de Dios Padre y dejamos que Él nos guíe en el camino.

Rindiéndonos a Su Señorío

Elizabeth Woning y yo hemos trabajado juntos en el ministerio durante cinco años. Ella dejó su estilo lésbico y se rindió a Dios de manera absolutamente consciente. Me ha permitido compartir su historia junto con sus reflexiones a lo largo de este proceso:

> A lo largo de la mayor parte de mi vida nunca disfruté de un sentido de pertenencia. Siempre me sentí excluida, y cuestioné mi sexualidad y mi sexo biológico. Aborrecía la idea de ser femenina porque me era extraño. No me sentía niña, pero tampoco me identificaba como un chico.
>
> Tuve mi primera conexión significativa con otra mujer cuando estaba en mi adolescencia. Tuvimos una intimidad y amor tan profundos que nuestro vínculo trazó un estándar para mis otras relaciones por años. Aunque ocasionalmente salí con algunos chicos y durante un corto tiempo estuve casada con un hombre en mis veintes, nunca pude desarrollar relaciones plenas ni duraderas con ellos.[3]

Su joven matrimonio se desintegró y comenzó a explorar un estilo de vida homosexual. Habiendo concluido que su identidad homosexual explicaba los sentimientos que había experimentado en su infancia y juventud, fue que abrazó el lesbianismo, y como parte de la comunidad LGBTQ encontró una poderosa voz y una nueva identidad.

> "Salí del armario" en mis veintitantos años y me mudé a un vecindario principalmente LGBTQ en mi ciudad. Fue la culminación de años de cuestionamientos internos. Salir del armario en los años 80's y 90's era una declaración valiente de identidad que demandaba mucho coraje. Las pérdidas en mi vida (como mi familia y mis relaciones de la infancia) se vieron compensadas con ganancias, entre las que destacó el descubrimiento de que podía pertenecer y ser aceptada. Como lesbiana, yo tenía una voz que no se

dejaba intimidar porque sentía que no tenía nada que perder. Era independiente, poderosa, pero en silencio sufría con el corazón roto.

Cualquier persona que ha dejado a su familia para "salir del armario" sabe lo que es rendirse. Se requiere un salto de fe con mucho riesgo para anunciar públicamente una identidad LGBTQ. Una vez que lo hayas hecho, quemarás tus naves, las reuniones de excompañeros de la escuela plantearán nuevos dilemas y tus recuerdos de la infancia tendrán un nuevo significado. Cambiarás tu cabello, tu guardarropa, e incluso tu carrera. Sin siquiera ser consciente, te verás completamente inmerso en los eventos de la igualdad, cubiertos por el arco iris, y en la competencia de quién será la próxima *drag queen*.

Dios no pide nada menos dramático cuando te invita a entrar en Su vida, a Su Reino. Eres una nueva creación, un hijo o una hija de Dios.

Conocí a Jesús entre un grupo de adolescentes un jueves por la noche. Fue en un evento de alcance cristiano en una carpa para adolescentes. No importó que yo estuviera ya en mis treintas y tuviera una Maestría en Teología (asistí a un seminario siendo abiertamente lesbiana). Mi experiencia esa noche no encajó en mi cuidadosamente ordenada imagen de la santidad de Dios. En vez de eso, a través de la voz de un chico de 17 años, Dios me reveló que me conocía. Me conocía personalmente. Las "palabras de conocimiento" de esa noche me llevaron a un proceso de descubrimiento que se centró en el carácter de Dios y que continúa hasta hoy. Recuerdo haber pensado: *Si Dios me conoce personalmente, yo no tengo idea de quién es Él realmente*. Entonces comencé una completa reevaluación de mi comprensión de Dios. Él no me invitó a entenderme, sino a descubrirlo, pero dentro de ese hermoso arreglo, comencé a verme diferente. Dios comenzó a revertir esa equivocada entrega LGBTQ en mi vida.

Con compasión, pero también con persistencia, el Espíritu Santo nos va guiando para volvernos a Dios de todo corazón. Cualquier personalidad autodefinida debe eliminarse. Es una manera de expresar nuestro amor a Jesús (ver Juan 14:15).

La rendición es una de las disciplinas más importantes de mi formación espiritual. Involucra una poderosa mezcla de auto sacrificio con firme esperanza. Estoy convencida de que Dios está ansioso de que renunciemos a los hábitos y mentalidades que nos apartan de Él. Sin duda que nuestras perspectivas distorsionadas respecto a la sexualidad están entre estos obstáculos (ver 1 Tesalonicenses 4:3-8), pero yo no empezaría por allí. Tu percepción de ti mismo es una construcción de arquitectura compleja que se va armando con traumas de la infancia, experiencias familiares y presiones culturales que Dios, misteriosamente, reordena. Comienza en una oración, preguntándole a Dios en dónde centrarte. A eso yo le llamo mi "mirada irresponsable hacia otro lado". Es decir, apartar la mirada de mí misma hacia Él.

Podrás pensar: "He orado una y otra vez para que Dios elimine estos sentimientos. Pero no lo ha hecho".

En algún momento te vas a dar cuenta de que Dios está sacando a la luz lo que verdaderamente estás creyendo acerca de Él y acerca de ti; y Él es tan convincente y persuasivo que fácilmente aceptamos sus ideas.

Excepto cuando no es así.

¿Qué es aquello que has creído de ti y que te causa dolor soltarlo, o incluso humillante dejarlo ir? Yo recuerdo haber estado en esa situación cuando descubrí que yo era una mujer. Sí, NO una lesbiana. Aceptar que yo era "simplemente" una mujer fue algo que estuvo plagado de luchas. Recuerda que dije que el lesbianismo me había otorgado una voz, me había dado pertenencia… y protección. Yo NO tenía ninguna visión para otra cosa. De hecho, yo no quería aquello a lo que temía que Dios me estaba invitando. Estábamos como en un callejón sin salida. Requirió mucha humildad y coraje tomar la visión de Dios para mi vida, que en ese momento solo podía verla como una página en blanco. No sabía qué debería haber en ella, solo sabía que confiaba en que Dios crearía algo hermoso. Él sería responsable de llevarme allí, siempre que yo no borrara lo que Él ya había escrito, o peor aún, que yo arrancara la página. Lo difícil de la rendición es que tú no puedes ser el autor.

Necesitas liberarte completamente de aquello que Él te está señalando antes de que comiences a ver algo nuevo. Nada va a suceder si en lo secreto te aferras a tu identidad gay, o a la comodidad de la atracción del mismo sexo, intentando probar si lo que Dios dice es verdad. No es lógico que puedas aplicar ante el Señor un criterio del tipo: "si no cambian mis sentimientos, entonces sabré que siempre he sido gay." Dios va a responderte en la medida en que tú también le vayas dando. La fe es como una moneda. Solamente no olvides que Dios es amor y que te deleitará con el regalo que te tiene preparado: una vida que tú nunca creíste que fuera posible.

Mi experiencia con el amor de Dios, la comunidad cristiana que me rodea y mi deseo de perseguir una vida de oración han tenido una influencia drástica en mi vida.

Acepté el impacto que tuvo la misoginia en mi percepción de mí misma y busqué atención y consejería pastoral para tratar las percepciones y los dolores de la niñez. Pero sobre todas las cosas, tuve que reconocer que yo me había rechazado como mujer.

Nunca busqué específicamente cambios en mi sexualidad; sin embargo, sí comencé a experimentar cambios en mis deseos sexuales. Comencé a sentirme atraída por un hombre, lo que era una de las experiencias más inesperadas y humillantes de mi vida por el hecho de que yo me había identificado plenamente como lesbiana. Él y yo nos casamos y hemos estado firmemente casados durante 16 años ya. Hoy soy feliz, alegre y femenina, todo esto que no fui mientras fui lesbiana. Ya no me siento atraída por mujeres. Antes bien, soy una firme defensora de su empoderamiento para que puedan superar los efectos de las injusticias contra ellas.[4]

La vida de Elizabeth es un ejemplo de la lucha para rendirse y del increíble fruto que trae el rendir nuestras vidas al que nos creó. Juan escribe:

Ciertamente les aseguro que, si el grano de trigo no cae en tierra y muere, se queda solo. Pero, si muere, produce

> mucho fruto. El que se apega a su vida la pierde; en cambio, el que aborrece su vida en este mundo la conserva para la vida eterna (Juan 12:25).

Por causa de su rendición, Elizabeth fue libre para descubrir su verdadera identidad en Cristo y para desarrollar una relación profunda y auténtica con la gente que le rodea.

Preguntas para ti

- Pregunta a Dios si sigues aún reteniendo cualquier idea sobre ti o sobre tu identidad que Él te esté invitando a soltar o en la que estés creyendo lo opuesto a Su dirección en la Biblia. ¿Cuáles serían?
- Pregunta a Dios si has formado en tu mente juicios negativos sobre ti, sobre Dios o sobre los demás. ¿Te has formado juicios negativos acerca de la sexualidad, feminidad o masculinidad? Escríbelas.
- Pregunta a Dios si hay alguna conducta dañina o adictiva que el Señor te esté urgiendo a rendirle. ¿Cuáles serían?
- ¿Has renunciado a todos tus derechos, de cualquier índole de auto gratificación o a vivir la vida a tu propia manera? Si no, pregúntale a Dios de cuáles "derechos" dependes aún, y escríbelos.

Activaciones

- **Renueva tu mente:** Revisa tus respuestas a las preguntas anteriores. Y toma un tiempo con el Señor pidiéndole perdón y arrepintiéndote de las actitudes, acciones, ideas, conductas y juicios que te ha invitado a tratar.

- **Rendición total:** Como lo mencioné en el Capítulo 1, considera qué es lo que hay en el camino de rendir completamente tu vida a Su señorío. Considera qué significaría para ti dejar todo a sus pies, y renunciar a todos tus derechos de auto gratificación o vivir tu vida a tu propio modo. Entonces, dile al Señor que te estás rindiendo completamente a Su señorío. Invítalo a dirigir cada área de tu vida por el resto de tus días. Escribe cualquier cosa que el Señor te revele.

Notas

1. Nota del Traductor – Solipsismo: Forma radical de subjetivismo según la cual solo existe aquello de lo que es consciente el propio yo. (DRAE, https://dle.rae.es/solipsismo?m=form, consultado el 2 de enero de 2022).
2. Drew Berryessa en *Finding You: An Identity-Based Journey Out of Homosexuality and Into All Things New* (2020).
3. Elizabeth Woning, *CHANGED: #oncegay Stories,* https://changedmovement.com/stories/elizabeth-woning.
4. Elizabeth Woning, "An Invitation to Surrender," *Finding You: An Identity-Based Journey Out of Homosexuality and Into All Things New* (2020).

Capítulo 6

RELACIONES

El mandamiento más grande de la Biblia es *"Ama al Señor tu Dios con todo tu corazón, con todo tu ser y con toda tu mente"* (Mateo 22.37). Somos llamados, antes que nada y principalmente, a rendir nuestra voluntad en las amorosas manos de Dios. Pero el segundo mandamiento más importante que nos dio Jesús es relacional: *"Ama a tu prójimo como a ti mismo"* (Mateo 22:39). Nuestra conexión unos con otros —que la tengamos y cómo la hacemos— es de tan importante para Dios que lo enlista directamente después de nuestra conexión con Él.

Sin relaciones la vida carece de significado. Es por esa razón que una de las mayores formas de castigo en nuestro sistema correccional en los Estados Unidos es el confinamiento solitario. Los efectos de este completo aislamiento de contacto humano han sido estudiados por los sicólogos y la conclusión predominante es que fuimos diseñados para vivir nuestra vida al máximo en relación con los que nos rodean.[1]

Para un gran dolor, una gran sanidad

Las relaciones son una fuente de dolor para toda la gente. Y para aquellos de nosotros que hemos lidiado con la atracción hacia el mismo sexo, se vuelve complicado y hasta aterrador conectar con otras personas del mismo sexo. Suena ilógico, pero la misma gente con quien tuvimos dificultad para conectar, e incluso quienes nos aislaron o rechazaron (el mismo sexo), es la misma con la que terminamos deseando cercanía (conexión sexual). Cuando crecí hice pocas amistades con otros chicos de mi edad y las conexiones que hice muchas veces sirvieron para afirmar mis sentimientos de insuficiencia y rechazo. Sin embargo, tenía un gran anhelo de poder encajar con otros hombres. En la universidad, me uní a una fraternidad cristiana para hombres y por primera vez experimenté lo que era ser uno de ellos y vivir entre ellos, lo cual, al mismo tiempo fue tanto humillante como profundamente reafirmador. Entonces, a medida que me fui sintiendo más cómodo con mi vulnerabilidad y fui rindiendo mi corazón a la dirección de Dios, fui descubriendo que necesitaba perseverar en las relaciones.

No nacemos sabiendo cómo conectar con otros de forma sana. Aprendemos a relacionarnos unos con otros en nuestras familias y a través de nuestras experiencias personales. He descubierto que, para la mayoría de la gente con atracción hacia el mismo sexo, ese proceso de aprender cómo conectar profundamente con gente de nuestro mismo sexo biológico es, de alguna forma, trastornado y confuso. No es un asunto de vergüenza, pero sí significa que necesitamos reaprender cómo construir relaciones saludables. Dios nos coloca intencionalmente en comunidad porque hay en ella algo de sanidad. Algo revive dentro de nuestros corazones cuando recibimos conexión de parte de, y somos reafirmados por personas de nuestro mismo sexo biológico.

Generalmente, las relaciones pueden parecernos un campo minado, pero Dios desea enseñarnos los pasos que debemos dar para forjar conexiones fuertes, sanas y proveedoras de vida con otras personas. Nunca es demasiado tarde para humillarnos, sentir curiosidad por la gente que nos rodea y establecer conexiones saludables.

Somos el Cuerpo de Cristo. Jesús nos enseñó a orar: *"Padre nuestro que estás en el cielo"; pero no "Padre mío..."* (Mateo 6:9). Podemos encontrar una restauración en las relaciones con los demás cuando dejamos atrás el malestar y el miedo a lo desconocido. Hay gente que pudo haber sido una gran fuente de dolor para muchos de nosotros, pero ellos mismos podrían ser también una gran fuente de sanidad si se lo permitimos. Esta fue la realidad que mi amigo Rodger Gaskin descubrió cuando enfrentó la incomodidad de conectar con otros hombres en su proceso hacia la plenitud.

> Así nací, o al menos eso es lo que yo sentía. La mayor parte de mi vida solamente me atrajeron los hombres. Mientras que anhelaba tener una intimidad tanto emocional como sexual con un hombre, también sentía que yo no era parte de los hombres y me sentía extraño. Al mismo tiempo, la mayor parte de mi vida me vi rodeado de hombres que valoraban y buscaban relaciones no sexuales conmigo. No me veían como un extraño o inferior a ellos. Muchos de ellos sabían que yo estaba batallando con la homosexualidad, pero eso no les impedía que me valoraran. No obstante, yo no podía conectar con ellos. Me sentía profundamente incómodo con ellos y a la vez anhelaba estar con ellos.
>
> En mis veintes comencé a explorar formas de integrar mejor mi fe y mi sexualidad. Empecé a leer libros sobre el asunto y asistí a conferencias para personas cuyas atracciones sexuales no eran deseadas. Vi a un terapeuta y trabajé en muchos problemas incluyendo depresión y trauma infantil. Y muchas veces durante esas conferencias u otros eventos, pasé tiempo con hombres y mujeres que habían

experimentado un cambio significativo en su orientación sexual.

Estos recursos me dieron una visión y la esperanza de que era posible un cambio real y que no era un fraude. En medio de todo esto estaba la convicción de que el poder de Dios es real y está activo hoy. Hoy estoy personalmente comprometido con la convicción de que las relaciones sexuales están destinadas a expresarse solo entre un hombre y una mujer.

En este momento de mi vida he experimentado un estupendo cambio de calidad de vida. El mayor cambio ha sido en cómo me relaciono con otros hombres. Mientras que anteriormente sentía que no pertenecía, como si fuera un extraño, ahora me siento muy cómodo en mis relaciones con otros hombres. Sorprendentemente también descubrí que me atraían las mujeres; ¡qué experiencia tan rara! En este sentido ha habido un cambio en mi atracción sexual hacia los hombres. Entre más cómodo y cercano me relaciono con otros hombres, siento menos atracción sexual por ellos.

Conforme he ido tratando áreas de confusión, trauma y temor, ha ido disminuyendo el poder del deseo homosexual. Mi atención ha pasado de tratar con la atracción por sí misma a tratar con los problemas de raíz que están detrás de ella. La calidad de mi vida en general ha mejorado, estoy más confiado y seguro en quien soy como ser humano completamente varonil y sigo creciendo como hombre y seguidor de Jesús.[2]

Dios Padre

Nacimos en una familia, aún cuando nuestra familia natural estuvo ausente o dividida. Nunca fue la intención de que fuéramos islas. Cuando comenzamos a crear relaciones sanas y a expandir nuestra capacidad relacional, muchos de nosotros necesitamos dejar el orgullo y la autosuficiencia para poder integrar una forma saludable a nuestras relaciones.

El valor que Dios tiene por las relaciones se modela en un nivel básico en la trinidad: Dios el Padre, el Hijo y el Espíritu Santo. Esta es una relación intrínseca en el mismo corazón de la fe. Si Dios es el Padre, es Padre de cada uno de nosotros. Este proceso puede verse muchas veces como uno de conexión a nuestra familia celestial, recibiendo nuestras identidades de hijos e hijas de Dios. Él nos creó en el vientre de nuestras respectivas madres (ver Salmo 139:13). Él nos conocía antes incluso de ser concebidos (ver Salmo 139:16). Ya no nos llama siervos, sino amigos (ver Juan 15:15), y no solo amigos, sino Sus hijos y coherederos con Su Hijo (ver Romanos 8:17).

Nada ha sido tan transformador en mi vida como la revelación de que Dios no es solamente omnipotente, omnisciente y omnipresente, sino que es relacional. Él es Dios el Padre, Dios *mi* Padre. Como cristianos, muchos podemos servir a Dios con todo nuestro corazón durante toda nuestra vida sin reconocer realmente su siempre atenta paternidad. El enemigo se esfuerza por distraernos de esta verdad para hacernos creer que estamos solos, sin provisión, forzados a definir nuestras identidades. Pero la realidad es que todos tenemos un tierno Padre amoroso. Y solo es a través de Él que podemos entender nuestras verdaderas identidades.

La mayoría de nosotros hemos vivido sintiéndonos huérfanos, lo que puede ser una fuente de profundo dolor, especialmente si vivimos con nuestras familias naturales. Pero Dios quiere que lo experimentemos como un Padre amoroso que se deleita en nosotros, nos cuida, tiene un plan para nuestras vidas y estará con nosotros para siempre. Abrazar esta familia celestial —Dios el Padre, Cristo Su Hijo y el Espíritu Santo— como nuestra y la que Dios ha diseñado para que participemos, es el principio de este cambio. Hay mucha transformación que viene de recargarnos en Dios como nuestro Padre. El apóstol Juan recargó su cabeza en el pecho de Jesús, como deberíamos hacerlo nosotros.

Mamá y papá

Además de nuestra familia celestial, nuestra familia terrenal también juega una parte importante en nuestro esfuerzo por construir relaciones sanas. Si hubo abuso o algún otro comportamiento destructivo, este consejo probablemente no aplique, y la búsqueda de una relación con los padres no sería recomendable. De cualquier forma, hay que seguir la guía del Espíritu Santo, pero para muchos de nosotros enfocarnos en nuestra familia de origen puede permitirnos avanzar sobre algunos obstáculos. No queremos que el dolor del pasado se convierta en un obstáculo para nuestras conexiones con nuestros padres. Dios es el que nos coloca en la familia, así que podemos confiar en que el Espíritu Santo nos guiará en nuestra reconexión. Dios dice: *"Honra a tu padre y a tu madre"* (Éxodo 20:12). No nos lo ordenaría si todo el tiempo fuera fácil, pero porque Él lo ordena es que sabemos que sí es posible. Y conocemos el beneficio: *"para que disfrutes de una larga vida en la tierra que te da el SEÑOR tu Dios"* (Éxodo 20:12). Ya sea que se trate de una conexión en nuestros lazos familiares que inspira vida, o que seamos los que damos el primer paso para movernos hacia nuestros padres con vulnerabilidad, honestidad y curiosidad en vez de juicio.

Muchos de los que luchan con la atracción hacia el mismo sexo han desarrollado un vínculo más en particular hacia un padre que hacia el otro. En mi caso fue mi mamá. Tan pronto como yo llegaba a casa le contaba los detalles de mi día a mi mamá. A mi papá le hubiera encantado haber escuchado mis pensamientos y emociones sobre la escuela, pero para la hora en la que él llegaba a casa yo ya no sentía la necesidad imperiosa de compartirlos. Y fue de esa forma que nuestra relación no creció de la misma manera. Las cosas cambiaron cuando fui siendo más intencional con él conforme fui madurando. Me ahorraba la mayor parte de mi proceso verbal para cuando él llegaba a casa. Empecé a hacerle preguntas acerca de su vida. Al principio fue un poco incómodo, pero pronto nuestra relación se fue haciendo más fuerte y fue creciendo. Finalmente llegué a sentir que él prefería pasar tiempo conmigo que con cualquier otra persona. Así que lo escogí a él para que fuera mi padrino en mi boda. Ahora mi papá esté en el Cielo, y estoy más que agradecido de que hayamos invertido en nuestra relación y compartido tantos años maravillosos.

Muchos no tuvimos los padres que nuestros corazones necesitaban. Solamente Dios es un Padre perfecto, de manera que una parte de este proceso consiste en permitirnos replantearnos lo que es ser hijos. Esto puede suceder en nuestra relación con Dios, con nuestros padres, o incluso con padres espirituales o mentores. El Señor ha puesto muchas personas en mi vida que han vertido tanto en mi como padres espirituales. Son personas que me aman, me animan e invierten en mí como hombre. Pero también están al tanto de mi crecimiento y me hablan con verdad, incluso cuando es duro escucharla. Oré por padres espirituales y Dios me dio a la gente correcta en los momentos correctos de mi vida. Sin embargo, siempre ha dependido de mí el mantenerme en esas relaciones.

Una Banda de Hermanos

Finalmente, al buscar las relaciones dentro del contexto familiar, también necesitamos aprender la importancia de desarrollar una banda de hermanos (o hermanas). Cuando apenas estaba comenzando a entrar en la vulnerabilidad, compartí cómo había sido todo mi proceso primero con amigas mujeres cercanas. Yo era nuevo en compartir así profundamente y en mi concepto, las mujeres eran mejores para escuchar, mejores para charlar y más empáticas que sus contrapartes masculinas. Así que me abrí con mi prima Amy, con una amiga de mi mamá y algunas mujeres en la universidad. Y funcionó. Fue un paso importante para mí permitir a otras personas que verdaderamente me vieran, sentir su amor y aceptación, y construir puentes para construir relaciones nuevamente. Pero yo necesitaba sanar mis relaciones con los hombres y el que fungía como mi consejero en ese momento también lo vio.

La primera vez que él me recomendó que me uniera a una fraternidad en la universidad, me horroricé. Me oponía fervientemente a esta idea. La idea de estar en un vestidor o un dormitorio con un montón de tipos, o atrapado en un retiro de hombres, sin mujeres con quiénes charlar, en ese era momento mi propia versión del infierno. "Además, ¿qué no son las fraternidades instituciones del diablo?" Pero pronto encontré una fraternidad cristiana, y me aceptaron como miembro de un grupo grande de jóvenes. Yo seguía aterrorizado, pero el Señor fue muy intencional y mi hambre por libertad era genuina.

Un día, la mayoría de los chicos estaban detrás de la casa de nuestra fraternidad teniendo una competencia para ver quién anotaba más canastas. Me sentí frustrado al darme cuenta de que era mi miedo el que me impedía unirme. Yo no tenía ninguna habilidad para el basquetbol y sabía bien que esta actividad no iba a aumentar mi estima ante sus ojos. Estaba casi seguro de que se iban a burlar de mí sin misericordia si tan solo intentaba hacer unos tiros. Pero me di cuenta de que incluso, si yo no era bueno, lo podía intentar. Así que cobré valor y me uní al juego. Y sucedió milagro tras milagro: cada vez que tomaba la pelota anotaba. Quizás lo hice una docena de veces, o tal vez más. Tuve un mejor desempeño que muchos de los otros chicos. ¡No podía creerlo! Dios sumó su gracia a mis débiles intentos, y allí estaba yo, sintiéndome el tipo gay nada atlético, siendo aclamado por un montón de jóvenes rudos.

Ser reafirmado por otros hombres hizo algo profundo en mi corazón ese día. Pero nunca lo hubiera experimentado si no me hubiera atrevido a salir de mi zona de confort y a lanzarme a una relación con mi nueva banda de hermanos. Y durante los siguientes años tuve un profundo apego con seis o siete de ellos. Ellos me ayudaron a afilarme —hierro con hierro se afila— con su consideración y conversaciones. Su continua presencia en mi vida me mostró que yo era un hombre, como ellos. Yo era un hombre que merecía su tiempo. Aunque a veces ellos me hacían bromas por mis actitudes "más que masculinas" (hablando estereotipadamente), no me ponían en una categoría aparte. Yo era uno de ellos. En ocasiones incluso me defendieron de otros y cuando fui lo suficientemente humilde para aceptar sus palabras, verdaderamente me hicieron una mejor persona. Treinta años después y a miles de kilómetros de distancia, seguimos hablando regularmente y nos reunimos cuando tenemos oportunidad. Su relación ha sido vital para mí.

Escoger el perdón

En la medida en que avanzamos en las relaciones que el Señor ha puesto intencionalmente en nuestras vidas, debemos también disponernos a cambiar algunas cosas en nuestros corazones para poder crear una atmósfera saludable para la conexión. Para los que hemos luchado con la atracción hacia el mismo sexo, dos de los cambios fundamentales que a menudo necesitamos hacer incluyen caminar en perdón y desarrollar relaciones emocionalmente saludables. Estas no aplican en el mismo grado para todos; pero conforme nos movemos en la búsqueda de plenitud, tanto el soltar a personas de ofensas pasadas, como aprender a manejar nuestras propias necesidades emocionales de forma saludable, van a abrir la puerta a la posibilidad de tener relaciones profundas y duraderas.

El perdón está en el centro de nuestro caminar con Jesús y es un aspecto crucial en nuestra conexión con los demás. No hay razón para imaginar que podemos desarrollar relaciones con otras personas sin haber experimentado dolor u ofensas ocasionales. Sin embargo, es lo que hacemos con ese dolor lo que determinará la profundidad y lo saludable de nuestras relaciones y la realización que recibiremos de ellas.

Cuando hemos pasado años sintiéndonos no amados, huérfanos y rechazados por los demás, el perdón pudiera parecer una píldora muy amarga que tragar. Las personas pueden hacerse cosas horribles, unas a otras. Perdonar a los demás por su impacto negativo en nuestras vidas no significa que estemos sacudiéndonos el dolor, minimizando sus acciones; ni siquiera que nos abrimos para confiar en ellos nuevamente. Solo significa que hemos tomado la espina de la amargura, es decir, la mentira que nos dice que podemos hacernos justicia por nosotros mismos y ponerla a los pies de Jesús. Como dice el dicho: negarse a perdonar es como beber el veneno esperando que la otra persona se muera. El perdón neutraliza ese veneno, dejando que tu corazón reciba la compasión y la misericordia de Cristo.

Perdonar no tiene nada que ver con si la persona merece ser perdonada. Jesús nos lo dejó en claro cuando fue a la cruz por nosotros *"cuando todavía éramos pecadores"* (Romanos 5:8). En medio de nuestro desorden, sabiendo que volveríamos a pecar, Él entregó Su vida por nosotros. Pudiendo ver de antemano todos los errores que seríamos capaces de cometer, escogió soportar un dolor inimaginable para limpiar cada pecado, y nos llamó Suyos.

Colosenses 3:13 deja bien en claro que tenemos que perdonar a los demás. Nos dice que debemos soportarnos y perdonarnos *"si alguno tiene queja contra otro. Así como el Señor los perdonó, perdonen también ustedes."* Tenemos que seguir el modelo de Jesús y escoger perdonarnos y bendecir a los que nos han lastimado, soltándolos completamente.

Romper con la codependencia

Mi experiencia con la atracción hacia el mismo sexo llegó con una fuerte dosis de codependencia. Este hecho lo abordé al principio de este libro cuando conté mi historia. Me fijé en un chico en particular y me volví profundamente dependiente de él para obtener identidad, afirmación y seguridad. No soy sicólogo, pero lo que yo observé fue que la codependencia es como la adoración humana —adorar a otra persona—al menos así es como yo lo sentí. Cualquiera que me cautivara en un determinado momento me parecía perfecto para mí y comenzaba a idolatrarlo. Toda mi vida giraba en torno a su opinión, lo que él pensaría de mí en cada situación que se presentara. En ocasiones, ni siquiera era capaz de decir lo que pensaba sobre algo hasta procesarlo a través de la imaginaria mente del otro chico. En realidad, se trataba de una versión extrema de aversión a mí mismo. En los peores momentos, desee borrarme completamente y reemplazarme con alguien "mejor".

No todos tienen que pasar por esto, ni tiene que ser tan extremo. Pero lo cierto es que la codependencia no es tan rara entre la gente que tiene que enfrentar la atracción por el mismo sexo. Como lo hemos hablado anteriormente, en virtud de que la necesidad de una genuina intimidad permanece insatisfecha, con frecuencia las fantasías o algún tipo de adoración humana son las que tratan de llenar ese vacío. Puede manifestarse como una fijación en la otra persona, una falta de paz cuando la otra persona no está, una profunda necesidad de atención y reafirmación personal, o una celosa hambre de la ininterrumpida presencia de aquella persona que puede manifestarse finalmente como un deseo sexual.

En mi caso, la necesidad emocional de masculinidad en mi vida se desarrolló como una obsesión con otro hombre que parecía más perfecto que mi defectuoso yo. Al transitar mi camino de plenitud, descubrí que lo que yo hacía era una forma de idolatría. Los ídolos pueden tomar toda clase de formas; no necesitan ser estatuas en una vitrina. Mi necesidad de identidad, conexión y reafirmación era tan intensa que estaba más preocupado por complacer a estos chicos y hombres de lo que estaba por complacer a Dios… mucho más.

Romper este ciclo fue, honestamente, una de las cosas más difíciles que he tenido que hacer. Fue romper una adicción que lo consumía todo, pero fue la que realmente abrió mi vida para saciar verdaderamente el hambre de mi corazón. Tuve que arrepentirme de mi obsesión, de mi lujuria, de mi auto repulsión, de mi propia manipulación, de las ligaduras que había desarrollado con estos muchachos, y tuve que confiar en que Dios tenía una libertad para mí que podía satisfacerme más que mi adicción a otras personas. Fue necesario que recibiera el empoderamiento de la gracia de Dios y entrar en una forma completamente nueva de relacionarme con la gente. Y en un par de casos específicos, fue necesario romper la conexión relacional con chicos de los que yo me sentía enamorado. Fue como experimentar la muerte de un ser amado muy cercano. No se lo deseo a nadie.

Pero, dado que permití que el Señor me liberara de esa esclavitud, ahora puedo tener un amor rebosante para mi esposa. No me acerco a ella desesperado para que satisfaga mis necesidades emocionales. No me aborrezco, ni quiero ser reemplazado por ella. Mi corazón sabe cómo recibir intimidad. He aprendido a caminar en vulnerabilidad, completamente rendido al Señor y la evidencia es la salud de mis relaciones. No adoro a mi esposa, ella no tiene que cargar el peso de ser mi salvadora. Yo adoro a Dios y desde ese íntimo lugar de conexión con Él, mi amor para ella fluye. Amo quien es ella y creo que es increíblemente bella; conectamos profundamente en diferentes niveles y nos divertimos mucho. No necesito que me componga. Ella tiene la libertad de ser ella misma conmigo, y yo con ella.

La construcción de una comunidad saludable

Tal es la libertad que traemos a las relaciones que desarrollamos. Nos acercamos a personas dignas de confianza con vulnerabilidad, compartiendo nuestro dolor y nuestras victorias con ellos regularmente. Perdonamos fácilmente, liberando a los demás de nuestros juicios y ofreciéndoles a cambio la compasión que recibimos de Cristo. Aprender a reconectar con los demás en una manera genuina y saludable no es algo que llega tan fácilmente. Las relaciones implican trabajo. Requieren un mutuo dar y recibir, una capacidad de comunicar nuestros mundos interiores y una disposición de escuchar con empatía la historia de la otra persona. Las relaciones profundas requieren una clase de confianza que solo puede construirse con el tiempo.

Pero vale tanto la pena. Mis encuentros con Dios transformaron mi corazón y mi mente, y mis relaciones cambiaron mi vida. Puedo decir honestamente que tuve un padre que me cubrió durante mi proceso para encontrar esta plenitud. Hugh Cunningham, un pastor amigo mío, pasaba un par de horas de su tiempo libre, semana tras semana, escuchándome vaciar mi corazón los domingos por la mañana. Pude sentir cómo me valoraba. Me escuchaba vez tras vez. Y se preocupaba profundamente y mostraba empatía por mi dolor. Y entonces, me daba como retroalimentación lo que oía y veía que el Señor me estaba diciendo. Él reafirmaba mi masculinidad y mi calidad de hijo de Dios. Esperó que yo viviera como el santo que Dios me hizo ser.

Una mañana le conté que había vuelto a tener otro resbalón viendo pornografía. Entonces, amablemente me dijo que si yo volvía a ver porno otra vez me iba a ayudar llevándose mi computadora a su casa, y se iba a quedar allí. Dado que habíamos construido una profunda relación, en lugar de sentirme controlado o condenado, me sentí amado. Sentí la libertad de rendir cuentas a una figura paterna que estaba de mi lado. Al final resultó que brevemente miré pornografía por última vez e inmediatamente se lo dije. Me dijo que esa era mi última advertencia y supe que lo decía en serio. Fue la última vez que vi pornografía.

Para mí fue determinante encontrar una comunidad de líderes llenos del Espíritu. En un ambiente donde el Espíritu de Dios se movía sobrenaturalmente, me rodeé de gente que seguía la guía del Espíritu Santo, que había visto al Señor moverse milagrosamente en la vida de la gente y que sabía que Él quería transformar mi vida. Sucedieron toda clase de momentos benéficos y aleatorios del ministerio: palabras de sabiduría divina, una palabra de ánimo, o la experiencia de ser amado por otros. Mi crecimiento fue significativamente impactado por mi ambiente. Estaba siendo discipulado por Jesús en medio de una comunidad de gente enamorada de Él, que tenían fe en que Dios se manifestaría y satisfaría las necesidades de la gente. Ser visto regularmente por las personas que verdaderamente nos conocen y escuchan a Dios en nuestro beneficio es fundamental.

Para muchos, el hecho de que Dios quiera hablarnos es un concepto nuevo. Pero no es nada nuevo en las Escrituras. Jesús dijo: *"Mis ovejas oyen mi voz; yo las conozco y ellas me siguen"* (Juan 10:27). Dios promete que Él nos hablará. Ninguno de nosotros escucha perfectamente a Dios, pero Él quiere que lo escuchemos por nosotros mismos y lo sigamos. También nos invita a escuchar Su voz por otros (ver 1 Corintios 12). Hubo tantas veces que mis amigos y líderes me dirigieron, animaron o sanaron diciéndome: "¿Sabes Ken?, el Señor puso esto en mi corazón para ti..." o "Ken, el Señor te está invitando a soltar el temor." También, permitirle hablarnos, a través de sueños, visiones, experiencias celestiales, señales y maravillas, puede ser vital para seguir su guía hacia la verdad; todas estas son formas en las que Él habla.

Es tan importante rodearnos por una comunidad de creyentes que escuchen la voz de Dios y vivan conscientes de las realidades del mundo espiritual. La batalla espiritual es muy real, incluso a pesar de que no podamos verla con nuestros ojos naturales (ver Efesios 6:10-20). A través de mi proceso, tuve que desenmarañar qué pensamientos eran míos y cuáles eran un tormento del diablo. Gracias a que tuve líderes llenos del Espíritu, pude atravesar por poderosos momentos de liberación y ministración sobrenatural que dieron como resultado nuevos niveles de libertad que no podía haber recibido por mí mismo. La lucha con la atracción hacia el mismo sexo es profundamente compleja. No estoy defendiendo un ministerio tipo "oremos para que se vayan los gays". Hay dinámicas relacionales que cambiar, traumas que sanar y formas de pensar que necesitan ser transformadas (soltando mentiras y asiendo la verdad), pero existe también una lucha espiritual que es real. Y ser parte de una comunidad llena del Espíritu hará la diferencia.

Nos encontramos a nosotros mismos dentro de la comunidad. Solamente en el contexto de una genuina amistad podemos escuchar la verdad hablada en amor, limando las asperezas de nuestra vida. Cuando nos permitimos ser verdaderamente vistos y conocidos, podemos ver la naturaleza de Dios reflejada sobre nosotros de maneras únicas a través de cada persona. Cuando podemos superar el temor a relacionarnos con nuestro mismo sexo, encontraremos que somos mucho más parecidos de lo que el enemigo o nuestra historia quieran que creamos. Todos estos beneficios son por beneficio de Dios. Él nos creó para vivir en comunidad y es allí donde experimentaremos nuestra libertad y descubriremos la plenitud de nuestra identidad.

Preguntas para ti

- ¿Sientes que tienes una relación con Dios de tal forma que eres consciente de Su presencia paternal en tu vida? Si no, ¿qué es lo que te impide ver a Dios de esta manera?
- ¿Te sientes cerca a (profundamente conocido por) los miembros de tu familia, particularmente tus padres/abuelos/hermanos del mismo sexo? ¿Por qué, o por qué no?
- ¿Tienes amigos de tu mismo sexo (ya sea de tu edad o mayores) que te conozcan bien y te animen a mantener tus ojos en Jesús? ¿Qué aprendiste en este capítulo que pueda ayudarte a profundizar tus relaciones con esos amigos?

- ¿Tienes mentores o "padres espirituales" que te empujen hacia lo mejor de Dios para tu vida y te conozcan profundamente, te vean frecuente y constantemente hablen a tu vida? ¿Les has compartido tus luchas en el terreno de lo sexual? ¿Cuál ha sido, en general, su mejor consejo para ti?

- ¿Estas experimentando alguna fijación o dependencia emocional con alguna otra persona similar a la que describí en la sección "Romper con la codependencia" de este mismo capítulo? Si es así, ¿en qué personas te has fijado?

Activaciones

- **Conocer a Dios el Padre:** Lee Lucas 15:11-32 con la consciencia de que Dios te ama tanto como el padre del hijo pródigo lo amó. Medita en este pasaje y pregúntale al Señor qué significa para ti. Invita a Dios Padre a ser tu papá y a cubrirte con su paternidad. Toma un momento e imagínalo mostrando su amor paternal y afirmación.

- **Una banda de hermanos/hermanas:** Haz un plan de cómo puedes crear una banda de hermanos (si eres varón) o hermanas (si eres mujer). Estas relaciones pueden ser con alguien del mismo sexo, ya sea un padre/abuelo, mentor, hermano/hermana, pariente o amigo. El punto es trabajar proactivamente para asegurarte que tengas cinco o más personas que te conozcan por dentro y por fuera, y que se conecten contigo regularmente y puedan ayudarte a madurar en el Señor.

- **Perdonar:** Pídele a Dios que te muestra las personas que en el pasado te han lastimado. Escribe sus nombres. Pídele a Dios que te dé compasión por cada una de ellas y que te permita ver a cada persona como Él los ve. Piensa cómo Jesús te perdonó tus pecados, a pesar de que no lo merecías. Entonces habla con Dios y declara específicamente tu perdón a cada persona por la manera específica en que te lastimaron. El libro de Jason Vallotton Winning the War Within (Ganando la batalla interior) es un gran recurso en este tema del perdón.

- **Codependencia:** Si tienes una dependencia emocional con alguna otra persona, díselo a varias de las personas en quienes más confías. Pídeles que te ayuden a hacer un plan para separarte de esta persona y ríndeles cuentas de ello. Asegúrate de que estas compartiendo tu vida con muchas personas amadas para evitar crear una nueva fijación. El libro Codependent No More (No más codependencia) de Melody Beatty puede ser de ayuda.

Notas

1. Elena Blanco-Suarez, Ph.D. "The Effects of Solitary Confinement on the Brain," *Psychology Today*, Febrero 27, 2019, https://www.psychologytoday.com/us/blog/brain-chemistry/201902/the-effects-solitary-confinement-the-brain.
2. Rodger Gaskin, *CHANGED: #oncegay Stories,* https://changedmovement.com/stories/rodger-gaskin.

Capítulo 7

IDENTIDAD

Tenía como unos 12 años cuando, sentado sobre mi cama leyendo la Biblia, me tropecé con este verso: *¿No saben que los injustos no heredarán el reino de Dios? No se engañen: que ni los inmorales sexuales ni los idólatras ni los adúlteros ni los afeminados ni los homosexuales ni los ladrones ni los avaros ni los borrachos ni los calumniadores ni los estafadores, heredarán el reino de Dios.* (1 Corintios 6:9-10 RVA 2015). Me llené de pánico. Repasando la lista, me había encontrado yo mismo entre esas conductas prohibidas. Yo no adoraba ídolos (*check*), ni practicaba el adulterio (*check*), ni bebía mucho (*check*), ni robaba (*check*). Pero cuando leí sobre los homosexuales, el miedo invadió todo mi cuerpo y pensé: *si soy completamente honesto conmigo mismo, las chicas no me atraen, pero sí soy atraído por los chicos*. Y acababa de leer que la gente como esa —la gente como yo— se va al infierno.

Se trataba de un pensamiento aterrador con el que tendría que abrirme camino a esa edad, especialmente en ese momento. La sociedad no era como la del día de hoy. Ellen DeGeneres todavía no besaba a otra mujer en la televisión. No existía un movimiento que declarara que la homosexualidad era una gran opción de identidad. Estábamos a la mitad de los 80's. Yo estaba solo, con miedo y aparentemente era detestable. La Palabra de Dios dice que lo que yo estaba sintiendo no estaba bien. Y había otras escrituras condenatorias. Me fui hundiendo profundamente en la desesperación conforme iba encontrando otros versículos que describían a la homosexualidad como una pasión repugnante (ver Romanos 1:26), como una abominación (ver Levítico 18:22), cuyos practicantes eran inmundos y profanos (ver 1 Timoteo 1:9-10).

Como ya lo he mencionado, en mi iglesia no había conversaciones acerca de la transformación. Aún no tenía la referencia de un Dios que se encuentra con nosotros en nuestro lugar de necesidad y cambia nuestra vida para Él mismo ajustarnos a Su estándar de rectitud. Mi relación con Dios era principalmente un seguro contra incendios. Si yo oprimía el botón del reloj espiritual cada semana —leyendo mi Biblia diariamente, asistiendo a la iglesia, más a los servicios de oración de mitad de semana si quería lograr puntos extra— entonces el Cielo sería mi recompensa. Pero ahora, incluso eso estaba en juego.

Para las personas que enfrentan áreas de pecado repetitivo en sus vidas, este tipo de religión no les satisface. Durante años sufrí ciclos de pesimismo, desesperanza y auto consuelo adictivo. No fue sino hasta que fui a la escuela de ministerio que mi mente comenzó a ser transformada con respecto a quien yo era en Cristo. Verás, en medio de mi pánico, nunca terminé de leer ese pasaje de Primera de Corintios. Pablo está hablando a una comunidad de creyentes que están enfrentando conductas inmorales. Él hizo una lista de ejemplos de conductas vergonzosas y allí fue donde mi cerebro se paralizó. Pero en los versículos inmediatos concluyó sus pensamientos. *"Y esto **eran** algunos de ustedes, pero ya han sido lavados, pero ya son santificados, pero ya han sido justificados en el nombre del Señor Jesucristo y en el Espíritu de nuestro Dios."* (1 Corintios 6:11 RVA 2015, énfasis añadido). Pablo escribió esta carta a personas que un día fueron idólatras, adúlteros, homosexuales y ladrones. Pero cuando vinieron a Cristo, sus vidas cambiaron. No estaba condenando a la gente al infierno al listar estas conductas, estaba recordando a los corintios su nueva identidad en Cristo.

Una Nueva Creación

Para los que salimos de un contexto homosexual, nada le encantaría más al enemigo que convencernos de que las cosas con las que somos tentados son las que nos definen. Pero en ninguna parte de la Biblia se entiende a la homosexualidad como una identidad. Es una conducta, la elección de una acción que nos deja desconectados de Dios, de nuestra comunidad y de nosotros mismos como cualquier otro pecado. De hecho, solo en la historia reciente, la gente ha visto a la homosexualidad como algo innato o como una posible identidad. No debería sorprendernos, considerando el colapso general de la identidad sexual en nuestra cultura contemporánea. Con el pretexto de deshacerse de las restricciones anticuadas y mojigatas, han sido removidos los dones de la masculinidad y la feminidad, con sus diversas fortalezas y perspectivas. A cambio de eso, la "revolución sexual" ha dejado atrás una confusión sobre la identidad sexual en su conjunto.

No obstante, la homosexualidad como conducta ha estado presente a lo largo de la historia de la humanidad. Pero a través de las Escrituras, Jesús va encausando el río de nuestra humanidad poniendo márgenes saludables entre los cuales podamos fluir. Dado que nos conoce mejor de los que nosotros nos conocemos y entendiendo qué es lo que nos trae vida y qué lo que nos mata lentamente, establece parámetros alrededor de la expresión humana. Nos muestra, por ejemplo, cómo es una vida en unión con Dios. Lo que nos tienta no nos define, sino que somos definidos por Aquel que nos creó. Y nos capacita para vivir victoriosos en unión con Él. De hecho, Él dice que *"somos más que vencedores por medio de aquel que nos amó"* (Romanos 8:37 NVI).

La acción de redefinirnos como hijos de Dios es radical. Para Janet Boynes fue lo que la hizo libre. Ahora ella es una pastora ordenada, pero antes de encontrar a Dios luchó durante muchos años con su identidad.

> El trauma y el dolor de mi niñez, que se llenó con abuso físico y sexual, me llevó a una serie de relaciones lesbianas descompuestas. Antes de entrar a un estilo de vida lésbico, había sido cristiana y estuve comprometida para casarme con un hombre. Mi prometido viajaba mucho y a mí no me gustaba estar sola, así que pasaba mucho tiempo con una mujer de mi trabajo. Esta interacción abrió la puerta para mi primer encuentro sexual con una mujer, apartándome de Dios y de mi prometido, a una vida de lesbianismo de 14 años.
>
> Cada vez que intenté regresar a Dios me sentía empujada a aferrarme a ese estilo. Incluso llegué a acariciar la idea de cambiarme de sexo para que mis relaciones fueran más "normales", pero no me atreví a ir más adelante en eso. Me volví tan miserable que empecé a buscar otras formas de llenar el vacío de mi alma, incluyendo las drogas y finalmente la bulimia.
>
> Una mañana de octubre, en un almacén de abarrotes conocí a una mujer que me invitó a su iglesia. Supe inmediatamente que nuestro encuentro no había sido una coincidencia y que sería un nuevo inicio para mí. Por este encuentro en 1998, Dios intervino en mi vida y me sacó del estilo de vida lésbico. Gracias a la ayuda de personas de mi iglesia en Minnesota, nunca volví atrás y finalmente encontré lo que buscaba. Luego de vivir un estilo de vida lésbico durante 14 años, encontré la libertad a través de Jesucristo.[1]

Identidad

Cuando venimos a Cristo, participamos en su muerte y en su resurrección. Nacemos nuevamente, nuestro viejo hombre muere y en su lugar se levanta una nueva creación. Cuando llegué a la escuela de ministerio quería enumerar cada cosa mala que hubiera hecho alguna vez y compartirla con el líder de la escuela. La enseñanza que recibíamos estaba enfocada en recibir el amor de Dios y vivir a partir de nuestras identidades de hijos e hijas de Dios y coherederos con Cristo. Pero yo quería asegurarme de que el líder conociera cada pecado que yo había cometido antes de evaluar si yo era suficientemente aceptado de esa manera, o no. Cariñosamente, me hizo algunas bromas apuntando al hecho de que tenía atoradas muchas cosas en mi cabeza. No era que estuviera subestimando mi intelecto, sino que quería guiarme a una realidad mayor. Sin importar lo que hubiera hecho, ni cómo había arruinado todo, el amor del Padre para mí era vasto e inalterable. Dios me conocía, me veía como realmente era, y me amaba completamente.

Mi vida cambió cuando recibí este amor. Comencé a entender que existía más vida de que la que hay en este algoritmo rígido que llamamos religión. Pensaba que tenía que atravesar una serie de aros y oprimir las teclas correctas en la computadora de Dios para poder ser amado y aceptado. Pero de repente, me encontré con que Dios quería que yo estuviera completamente vivo y Él quería mostrarme cómo hacer que eso sucediera. El deseo de Dios era que yo me sintiera cómodo conmigo mismo, abriéndome paso en la vida desde la seguridad de Su amorosa aprobación. El verano que siguió del primer año de escuela ministerial pasé horas en la capilla de oración cada día. Vez tras vez leí Romanos 5 al 8. Comencé a asimilar que el amor de Dios me había buscado en medio de mi situación pecaminosa y llena de vergüenza. Yo no le causaba repugnancia. Él iba tras de mí, cubriéndome con Su gracia e invitándome a vivir como un nuevo hombre completo.

Jesús eligió morir por cada uno de nosotros, y cuando venimos a Cristo participamos retroactivamente en Su muerte y resurrección. Lo que fuimos sin Él muere completamente. Pablo dice que *"nuestro viejo hombre fue crucificado juntamente con **él**, para que el cuerpo del pecado sea destruido a fin de que ya no seamos esclavos del pecado"* (Romanos 6:6, énfasis añadido). Y nuestro ser, nuevo y limpio, nuestro nuevo yo, se levanta con Cristo para que podamos considerarnos *"muertos al pecado, pero vivos para Dios en Cristo Jesús"* (Romanos 6:11). Morimos y volvimos a nacer. El cambio comienza en nuestras mentes y entonces, como resultado de eso, los viejos hábitos y pecados no nos retienen más. Pablo nos dice que nos "consideremos" muertos al pecado —creer en el poder transformador de la cruz— y esa convicción afectará lo que hacemos.

Esto no significa que nos sea imposible pecar. En su libro *Batallas Espirituales*, Kris Vallotton señala magistralmente que uno no necesita una "naturaleza de pecado" para pecar. Adán y Eva fueron perfectos ejemplos de esto, viviendo en el jardín del Edén en un ambiente perfecto. Kris dice, "todo lo que tú necesitas para pecar es una libre voluntad y la capacidad de creer una mentira. Y todos los creyentes poseemos esas cualidades."[2] Podremos replegarnos de nuestra nueva identidad y actuar en discordancia con quienes somos, pero no es natural.

Una vez que pertenecemos a Cristo, una vez que Su sangre nos limpia, pecar deja de ser nuestra naturaleza. Nuestro ADN refleja a nuestro Padre. Como al hijo pródigo, se nos ha dado un manto de realeza, el polvo de nuestra vida pasada ha sido sacudido de nuestros registros, y hemos sido adornados con nuestra identidad de hijos de Dios. Somos santos, esclavos de la justicia (ver Romanos 6:18). Pero Kris me enseñó que si yo sigo creyendo que soy un pecador, seguiré pecando: "estarás pecando por fe", le gusta decir. Kris dice: "por eso, Juan nos enseña a creer que no pecaremos mientras permanezcamos en Cristo", escribe, *"Todo el que permanece en él no practica el pecado. Todo el que practica el pecado no lo ha visto ni lo ha conocido... Ninguno que haya nacido de Dios practica el pecado, porque la semilla de Dios permanece en él; no puede practicar el pecado, porque ha nacido de Dios."* (1 Juan 3:6-9 NVI).[3]

No puedo ser más enfático: Lo que creemos sobre nuestra identidad tiene todo que ver con lo que experimentaremos. Si creemos que somos "gay" y que no podemos evitar el mundo de la tentación, la atracción y el comportamiento, eso será lo que experimentaremos. Pero no tenemos que aceptar esta identidad alterna. A los que estamos siendo disciplinados por Cristo se nos ha dado una nueva naturaleza. Ya no somos los que fuimos alguna vez. Experimentamos algunas tentaciones porque vivimos en un ámbito (como le sucedió a Adán y a Eva) donde podemos oír y ser influidos por el diablo y sus secuaces, que son, de hecho, pecaminosos. Pero si abrazamos nuestras identidades de nueva creación en Cristo, y rechazamos las mentiras y esfuerzos del enemigo para convencernos de que somos "gay" o cualquier otra falsa identidad, actuaremos como corresponde. Por eso es por lo que pasé todo aquel verano meditando en estas verdades bíblicas. Y eso cambió completamente mi vida.

Abrazando nuestro sexo biológico

Conforme va creciendo la consciencia de nuestra nueva identidad, y conforme vamos experimentando Su amor y aceptación, podemos ir abrazando cómo Él nos creó. Una gran parte de este proceso para aquellos que hemos luchado con esa atracción hacia el mismo sexo consiste en aprender a aceptar nuestra propia masculinidad o feminidad. Cada uno de nosotros nació siendo hombre o mujer.

Cromosómicamente, esto es un hecho biológico que se establece desde la concepción.[4, 5] Científicamente no existe ninguna otra identidad sexual, no hay un tercer sexo. Los cromosomas sexuales, las gónadas y las hormonas sexuales lo confirman.[6] Por supuesto, puede haber defectos de nacimiento, o pueden ocurrir deformidades, tales como desórdenes de desarrollo sexual (DDS). Pero el DDS ("intersexual" como se le conoce de manera informal) se identifican como un problema médico, y no como identidad.[7] Alguien puede tener DDS, pero no ser DDS. Obviamente los pocos que tienen tales defectos congénitos pueden enfrentar retos significativos —biológicos, emocionales y sociales— que inspiran mucha compasión.

Pongámoslo de otra manera, los defectos de nacimiento en un embrión en desarrollo pueden hacer que un niño nazca sin algún miembro. Pero como aprendí de mi buen amigo, el Dr. Andre Van Mol, una persona bien estudiada en la intersección de la biología y la homosexualidad, esta anomalía no tiene que definir la realidad de que los humanos fuimos diseñados con dos brazos y dos piernas. Las anomalías biológicas no refutan ni socavan lo que es normal. La identidad sexual está grabada de manera similar en nuestro ser. Las anormalidades en los cromosomas suceden, pero a pesar de esto, la identidad sexual sigue siendo masculina o femenina. No existe una identidad sexual alterna más allá de varón o mujer.

Nuestras identidades sexuales, masculina o femenina, están escritas en trillones de células en nuestros cuerpos. No están limitadas a nuestros órganos reproductivos, sino que influyen cada aspecto de nuestro ser a nivel celular.[8] Sin embargo, para la mayoría de los que enfrentamos la atracción al mismo sexo, identificarnos con nuestro sexo biológico puede parecernos un campo minado con dudas, inseguridades y un potencial aislamiento. Como lo señalé en el capítulo 6, retomar nuestra conexión con la de gente de nuestro mismo sexo biológico de una manera no sexual es fundamental en nuestro proceso de plenitud. Rodger Gaskin describe su proceso de esta manera:

> Una de las más poderosas realidades que me ha impulsado al cambio es la verdad de que soy una nueva creación. En la mayor parte de mi experiencia cristiana, no comprendí lo que esto significaba. Aunque creía que era salvo, no tenía idea de lo poderosa que es mi salvación. Debido a esto, tenía poca expectativa o poca fe de que pudiera experimentar un cambio con respecto a la atracción al mismo sexo (AMS). No me daba cuenta de que cuando llegué a Cristo me convertí en una nueva persona: tenía una nueva identidad. Fui libre de mi viejo ser y ahora, como una nueva creación en Jesús, me había sido dado un nuevo ser.
>
> Tuve que abrazar mi género, que está intrínsecamente ligado a mi sexo biológico. Esto es algo que puede ser humillante, ofensivo e inspirar miedo. Yo había sentido que no encajaba, como si no tuviera mi "tarjeta de hombre", así que me rehusaba a participar en actividades de hombres. Para mi desazón, Dios comenzó a acercarme hombres masculinos. No buscaban otra cosa más que amistad conmigo, invitándome a ir de cacería, de pesca, a jugar deportes y a ayudar en proyectos de construcción. Mientras yo buscaba excusas para rechazar sus invitaciones, mi resistencia en realidad enmascaraba mis miedos. La verdad es que me sentía avergonzado por mi falta de habilidad o experiencia con esas actividades. Un amigo me dijo que necesitaba vencer mis miedos y conectar con hombres de estas maneras. Puedo contarte muchas historias que te harían reír, pero el resultado de aventurarme a vencer mis miedos fue un confort que fue creciendo y la consciencia de ser masculino.

> Ahora, cuando estoy con hombres, siento que pertenezco allí.
>
> El Evangelio de Jesús nos salva y transforma poderosamente en la medida en que confiamos y conectamos con Él. Mi identidad, diseñada por Dios, como hombre y seguidor de Cristo, sigue desarrollándose, solidificándose y haciéndose cada vez más clara entre más lo busco. Mi sexualidad y mi sexo biológico siempre están al alcance de Su poder transformador. Soy una nueva creación.[9]

Aunque creo que Dios puede hacer cualquier cosa, encontrar esta clase de consuelo y confianza en nuestro propio sexo biológico muchas veces puede no suceder de la noche a la mañana. Al principio de mi viaje a mi plenitud, incluso la idea de pasar por el vestidor de los hombres me causaba ansiedad. Las primeras veces en que me atreví a construir relaciones con otros hombres, me sentía raro y asustado. Y eso está bien. La transformación no necesita ser inmediata. No podemos esperar poner un rifle de caza o un bate de béisbol en las manos de un tipo que se ha sentido aislado de los demás hombres toda su vida y esperar que se sienta de pronto cómodo con su masculinidad. No es así de sencillo. Y eso que los rifles y los bates no son la suma total de la masculinidad.

Asumir nuestras identidades sexuales puede ser un proceso, pero uno para el que el Señor nos ha equipado para salir victoriosos. Dios no está buscando exhibirte. Te ha creado como hombre, o mujer, y eso es suficiente. No va a suceder un cambio a través de los esfuerzos de probar nuestro sexo biológico a nadie. Sin embargo, apoyarnos en nuestro sexo biológico, estar dispuestos a conectar y ajustar algunos de nuestros comportamientos, es la parte transformadora y vivificante de reclamar y experimentar plenamente nuestras identidades que nos fueron dadas por Dios. Podemos perseverar en asumir nuestro sexo biológico, o no. En muchas ocasiones yo no lo hice. Pero tenemos un Dios que nos llama por nombre, que nos da una verdadera identidad en Él y que nos empodera con la gracia para abrazar esas identidades verdaderas.

Nuestro trabajo es centrarnos en escuchar su voz. No necesitamos fingir nuestra transformación. Eso no funciona. Tales esfuerzos solo nos llevan a la vergüenza y a la humillación. En vez de eso, nuestro enfoque puede descansar completamente en invertir en nuestra relación íntima con Dios y con la gente (particularmente de nuestro mismo sexo) que Él ha puesto en nuestras vidas. Esto nos da la capacidad de asumir plenamente todos los aspectos de nuestro sexo biológico, en vez de limitarnos con inseguridades que nos obligan a excluirnos o restringir partes de nuestra identidad. Es una batalla predominantemente interna, pero una batalla en la que Dios es totalmente capaz de ayudarnos a salir adelante. Mi amiga Kathy Grace Duncan tomó testosterona, tuvo una cirugía para quitarse los senos y vivió casi 12 años de su vida como un hombre llamado "Keith". Sin embargo, cuando comenzó a conectar con el Señor, recibiendo Su amor incondicional y siguiendo Sus instrucciones, su confusión sobre su identidad sexual comenzó a desvanecerse.

> En ese momento no lo sabía, pero yo ya no me conformaba con el mundo; estaba siendo transformada por la renovación de mi mente. Una mentora me ayudó a procesar lo que el Señor decía, a dónde me estaba llevando y de qué me estaba hablando. Ambas cosas me sentaron bien con ciertas cosas difíciles. El Señor los usó como ejemplos de mujeres saludables que sin saberlo me cambiaron.

Conforme fui abrazando el ser mujer y aceptando que era bueno, creyendo lo que Dios dice de quién soy y siendo obediente para hacer lo que Él dice, algo cambió dentro que afectó lo de afuera. En la medida en que mi transformación continuó y mi mente iba siendo renovada me fui sintiendo más incómoda con la forma en que me vestía. No me veía femenina con la ropa que tenía. Y ya no quería usar lo que tenía. Me di cuenta de que lo de afuera era la expresión de lo que estaba sucediendo adentro. No estaba solamente asumiendo ser una mujer, sino que mi feminidad contenida comenzaba a destilarse.

Había estudiado el Salmo 139, que me dijo cómo fui tejida y cómo fui conocida. Esta vez, cuando lo leí, vi que cuando el Señor dice que me tejió lo hizo con todo lo que necesitaba para ser mujer y ser femenina. Incluso, aunque yo hubiera vivido como hombre, existía una naturaleza enriquecedora en mí y a medida que abrazaba quién yo era, esa naturaleza crecía. Yo deseé las cosas suaves, deseé usar maquillaje, deseé ser hermosa. Para crecer en esta área, me propuse hacerme amiga de mujeres femeninas. Una querida amiga, quien en mi opinión es muy femenina, conocía mi trasfondo y me llevó de compras. Fue la cosa más incómoda, embarazosa e intimidante. Con el corazón latiéndome con fuerza, logré enfrentar el momento. Me sacó totalmente de mi zona de confort y cuando dejé de sudar, me di cuenta que me había gustado.[10]

El objetivo de asumir realmente nuestra identidad sexual no es que nos volvamos rudos leñadores y bellas princesas. Estos son estereotipos de la masculinidad y la feminidad. La meta es que conforme vayamos conectando con nuestro Creador, se vayan cayendo las diversas capas y máscaras y que —lenta, pero certeramente— comencemos a descubrir al maravilloso hombre o mujer que Dios creó.

Entonces, entender realmente nuestras identidades en Cristo es como estar verdaderamente cómodos con nosotros mismos. Es como deleitarnos en el diseño de Dios para nuestra sexualidad, así como Su diseño para nuestros sueños, pasiones, personalidades y excentricidades. Es abrazar valientemente la fuerza y la dulzura. Esta confianza se despierta desde un conocimiento profundo y genuino de que hemos sido creados a la imagen de Dios y de que llevamos en nosotros su belleza. En pocas palabras "nos consideramos a nosotros mismos": No soy un perdedor, ni un pecador, ni un adicto, ni un homosexual, ni un LGBTQ+. Pude haber sido esas cosas, pero ya no lo soy. Dios dice que soy una nuevísima creación en Cristo Jesús y que soy santo (ver 2 Corintios 5:17). Escogemos creerlo porque Él lo dice, le agradecemos por redimirnos y darnos una nuevísima naturaleza. Hacemos este viaje siguiendo de cerca a Jesús, aquel que nos conoce mejor y mantenemos el curso cuando caminamos hacia una libertad cada vez mayor de ser nuestros verdaderos yo, en Cristo.

Preguntas para ti

- ¿De dónde has sacado tu sentido de identidad? Piénsalo. Escribe una lista de recuerdos que hayan formado lo que crees acerca de tu identidad; y también cualquier cosa que hayas escuchado, los momentos vergonzosos que tuviste, las maneras en que te trataron, las cosas que te dijeron, las formas en que tu cuerpo respondió a los estímulos, y cualquier otra cosa que el Señor revele.

- Pregunta al Señor si hay mentiras que has estado creyendo sobre ti que te impiden abrazar la realidad de la identidad de tu nueva creación. ¿Cuáles son?
- ¿Quién eres ahora únicamente como hijo o hija de Dios? ¿Cómo te ve y te describe a ti, Jesús?
- ¿Qué otra cosa aprendiste en este capítulo de tu identidad?

Activaciones

- **Sé libre del pecado:** Lee despacio Romanos 6:5-18 varias veces. ¿Qué te dice este pasaje de tu naturaleza (desde la perspectiva de ser un seguidor de Cristo)? ¿Crees que Dios te ha hecho libre del pecado y que eres un siervo de la justicia? Lee el pasaje una y otra vez hasta que creas que tienes una nueva naturaleza.
- **Una nueva creación en Cristo:** Lee 2 Corintios 5:17 varias ocasiones y pídele al Señor que te enseñe qué significa para tu vida que seas una nueva creación. ¿Qué significa para ti personalmente que las cosas viejas de tu vida hayan pasado?
- **Asume tu identidad:** Mantén en mente que eres una nueva creación y que has sido libre del control del pecado y revisa tus respuestas en la sección anterior de preguntas. Pasa tiempo con el Señor y ora sobre cualquiera de las respuestas que escribiste y que no se alinean con tu identidad de nueva creación o que sean contrarias a las enseñanzas en la Biblia. Arrepiéntete por creer esas mentiras y recházalas pidiéndole al Espíritu Santo que te

revele las verdades correspondientes sobre tu identidad. Agradece al Señor por la identidad que te dio cuando te creó. Escribe cualquier cosa que el Señor te revele.

Notas

1. Janet Boynes, *CHANGED: #oncegay Stories,* https://changedmovement.com/stories/janet-boynes.
2. Kris Vallotton, "Are You Living in a Haunted House?" en *Spirit Wars: Winning the Invisible Battle Against Sin and the Enemy* (Michigan: Chosen Books, 2012).
3. Ibid.
4. Palmer, Wilhelm, y Koopman, "Sex Determination and Gonadal Development in Mammals," *Physiological Reviews,* Vol 87(1), Enero 2007, 1-28.
5. Michelle A. Cretella, "Gender Dysphoria in Children and Suppression of Debate," 21 *J. of Am. Physicians & Surgeons* 50, 51 (2016).
6. American Psychiatric Association, *Diagnostic and Statistical Manual of Mental Disorders,* Fifth Edition (DSM-5) (Arlington, VA: American Psychiatric Association, 2013), 829.
7. J.M. Beale and S.M. Creighton. "Long-term Health Issues Related to Disorders or Differences in Sex Development/Intersex," *Maturitas,* 2016;94:143-148. doi:10.1016/j.maturitas.2016.10.003.
8. Michelle A. Cretella, Christopher H. Rosik, A.A. Howsepian, "Sex and Gender are Distinct Variables Critical to Health: Comment on Hyde, Bigler, Joel, Tate, and van Anders" (2019), *American Psychologist,* Vol 74(7), Oct 2019, 842-844.
9. Rodger Gaskin, "I Am a New Creation," *Finding You: An Identity-Based Journey Out of Homosexuality and Into All Things New* (2020).
10. KathyGrace Duncan, "My Journey into Femininity," *Finding You: An Identity-Based Journey Out of Homosexuality and Into All Things New* (2020).

Capítulo 8

FE PERDURABLE

Abraham Lincoln se levanta como un ejemplo icónico de un presidente americano: elocuente, dueño de sí mismo, un hombre de integridad. Dirigió al país a través de la guerra civil, siendo reconocido por su humilde sabiduría. Pero 33 años antes de su presidencia, su carrera estuvo marcada por una serie de reveses. Perdió su trabajo, perdió las elecciones para la legislatura de su estado, fracasó en los negocios, enfrentó la muerte de su esposa, tuvo una crisis nerviosa, fue derrotado en su carrera por ser congresista de Illinois, fue derrotado en la elección para el Congreso, perdió la re nominación, fue rechazado para dirigir la oficina de catastro, fue derrotado en la elección para el Senado, fue derrotado para la nominación de vicepresidente y 2 años antes de ser presidente de los Estados Unidos, nuevamente fue derrotado en su carrera para el Senado.

Angela Duckworth, una sicóloga de la Universidad de Pensilvania, ha determinado que esta clase de perseverancia a la que ella llama "pasión y persistencia sostenida aplicada hacia un logro a largo plazo" es uno de los grandes indicadores del éxito en la vida de una persona.[1] Lincoln tuvo esta clase de agallas, necesarias para que el hijo de padres analfabetas pudiera llegar a la Casa Blanca. De la misma manera para todos aquellos que estamos en el proceso de vivir desde nuestras identidades sexuales redimidas, la fe perseverante se convierte en un ingrediente crucial a lo largo del viaje. Como creyentes, nuestra perseverancia viene de confiar en que Dios es lo suficientemente fiel para guiarnos a una completa plenitud, incluso si llegamos a tropezar en el camino.

¿Puede Dios cambiar la identidad sexual de alguien en un instante? ¡Por supuesto que sí! Él es Dios y puede hacer cualquier cosa que quiera. Bill Johnson lo describe como "el programa de Dios en un solo paso: salir de las tinieblas a su maravillosa luz." Me encantan las historias de transformación sobrenatural instantánea. Yo mismo he tenido esas experiencias del Señor, ¡y animo a todos, por todos los medios, a creer que Dios se manifestará dramáticamente en sus vidas hoy, incluso en el área de su sexualidad! Romanos 6 nos promete, desde el momento que nos rendimos a Cristo, la gracia para dejar de actuar desde el pecado sexual. Sin embargo, los que estamos dejando atrás la idea de que somos "gay", la transformación puede ser un proceso que puede tomar algo de tiempo. No hay nada de malo si las tentaciones no se van inmediatamente y esos deseos sexuales que no queremos no se desvanecen de inmediato.

Aunque podamos desear lo contrario, Dios a veces parece estar más interesado en hacer un trabajo más profundo y completo, abordando muchas áreas de nuestra vida, que simplemente llevarnos a un destino diferente. La Biblia promete que *"Dios dispone todas las cosas para el bien de quienes lo aman,[a] los que han sido llamados de acuerdo con su propósito"* (Romanos 8:28). Así que ya sabemos, si no es bueno todavía, es porque Él no ha terminado de trabajar con nosotros; pero tenemos que estar dispuestos a llegar hasta el final.

Para eso, necesitamos entender la importancia de la fe. Recuerdo claramente el tiempo inmediatamente después del milagro de sanidad física que recibí. Había descubierto que Dios es real y que Su poder hoy podía cambiar las situaciones imposibles. Así que estudié y estudié el concepto de la fe en la Biblia. Leí Romanos 4, una y otra vez, y el relato de varios milagros obrados por las manos de los apóstoles y de los setenta discípulos (ver Lucas 10:17). Mi Biblia decía que *"para Dios todo es posible"* (Mateo 19:26) así que me decidí a extraer las profundidades de Sus promesas.

La fe es el componente esencial en nuestro caminar con Dios. Es la convicción de que Dios es quien dice ser y hace lo que dice que hace. Nuestra vida cambia cuando confiamos en Dios de esta forma, invitando a Dios a moverse a nuestro favor. La Biblia dice que incluso una pequeña cantidad de fe mueve el Cielo y la tierra (ver Mateo 17:20). Lo maravilloso es que no somos la fuente de nuestra propia fe, sino Dios. Nuestra *"fe es por el oír, y el oír por la palabra de Cristo"* (Romanos 10:17). Nuestra fe reposa en Su fidelidad y Él siempre termina lo que comienza, incluso si se trata de un viaje que toma tiempo (ver Filipenses 1:6).

Para la mayoría de nosotros, los patrones de intimidad desviada y pecado en nuestras vidas no se crearon de la noche a la mañana. Y generalmente hay muchos factores en nuestras vidas que han contribuido a nuestros sentimientos y deseos sexuales. Como tales, puede tomar tiempo desarraigar y tratar las áreas de necesidades insatisfechas o de heridas, reentrenar nuestro cerebro con nuevos patrones de pensamiento y reformar nuestras relaciones clave. Andrew Comiskey dirige una organización nacional llamada *Desert Stream* y tienen un ministerio que se llama Agua Viva (*Living Waters*) que fue fundamental en mi proceso, porque aborda precisamente "las raíces de los problemas sexuales y relacionales que suelen atrapar a los cristianos en una vida no saludable". Durante 40 años, Andrew ha guiado a mucha gente a través de un proceso en el que tratan sus necesidades sexuales y relacionales, y sabe de primera mano que caminar hacia una fe perdurable puede ser un viaje de fe que puede tomar mucho tiempo.

Mi libertad del dominio de la homosexualidad comenzó con una revelación de la cruz: la auto entrega radical de Dios. Dios lo dio todo y todo lo que pedía era que yo le diera todo. Eso me tomó tiempo. Siendo joven y cargado sexualmente, encontré que era difícil dejar la homosexualidad. Sabía perfectamente que mis caminos eran destructivos pero no tenía suficiente tracción con los cristianos, como para descubrir cómo el amor divino podía superar mis sentimientos. Durante un tiempo oscilé entre la cultura gay y la cristiana, antes de asimilar la cruz. La diferencia la hizo cuando me rendí a Jesús.

En segundo lugar, Dios me mostró que fui creado a Su imagen: un varón destinado para una mujer. Esa era una verdad incuestionable, pero mi mundo de gente que llevaba la Biblia bajo el brazo, enfatizó lo que no debería hacer sexualmente, en lugar de quién era como un hombre al que Dios le asignó género. Eso me invitó a profundizar en por qué me sentía raro con mi masculinidad y a seguir adelante en el tema de relacionarme con las mujeres. La reconciliación con mi género se volvió una prioridad en mi pensamiento y en mis decisiones raras. Aprendí cómo ser un buen amigo de los chicos (lo que fue difícil al principio) y a amar a la mujer con la que me casé. La mejor decisión que pude tomar.

También aprendí que, si no estuviera arraigado en una comunidad de fe, hubiera vuelto a pervertir mi necesidad de amor. Llegué a amar la presencia real de Jesús en Su Palabra y en los santos, en la música y en nuestros esfuerzos por crear un lugar para Él. Cuando nos congregamos en la Iglesia Vineyard, en Los Ángeles, la auténtica adoración profundizó. Mi prometida y yo, comenzamos a reunirnos allí con otras personas que se identificaban como gays, a quienes ayudamos a conocer a Jesús. Juntos, descubrimos Su fortaleza que se perfecciona en la debilidad. Ese fue el principio de Agua Viva, un grupo que sigo dirigiendo como católico en mi parroquia, y cuyos grupos se extienden ahora por todos los continentes (desertstream.org). Mi bienestar está ligado a ayudar a hacer que el cuerpo quebrantado de Cristo sea hermoso para Jesús.[2]

Cuando nos sometemos a Dios comenzamos a deshacernos de nuestros intentos inútiles de autosuficiencia —aferrarnos a las formas de satisfacer nuestras propias necesidades— y permitimos en cambio que el Señor nos revele sus formas. Él fue el que diseñó las células de nuestro cuerpo. Sabe mucho más que nosotros acerca de cómo estamos conectados interiormente, lo que necesitamos y qué sería para nosotros la verdadera plenitud. Confiar en Él nos toma tiempo, para reentrenarnos y aprender a desenredar los viejos patrones de pensamiento y conducta. ¡Es normal! Como dice Andrew, renunciar a esa auto gratificación a veces es difícil, pero hay tanta libertad y vida en el otro extremo de nuestro viaje. Además, Dios promete que no tenemos que hacer nada nosotros solos: Él está con nosotros en cada paso del camino.

No bajes allí

Esta lección la aprendí un día mientras caminaba en un aeropuerto esperando una conexión. Iba de regreso a Dallas luego de un gran viaje a Redding, California, para visitar a mis amigos de la escuela de ministerio. Luego de haber reconectado con tantas relaciones cercanas, iba caminando por el aeropuerto sintiéndome cansado y hambriento.

Antes, los aeropuertos me daban problemas. Solía viajar por trabajo y me paseaba por las librerías para comerme con los ojos a los hombres atléticos en las portadas de las revistas de *fitness*. Idolatraba sus cuerpos musculosos que aparecían por todas las páginas y al mismo tiempo los sexualizaba o deseaba poder cambiar mi cuerpo por el de ellos. Había un modelo en particular que había sido el objeto de mis fantasías. Pero eso había sido en el pasado. Yo había pasado ya por tres largos años que habían cambiado mi vida en la escuela de ministerio sobrenatural, aprendiendo mucho sobre mi identidad en Cristo y estaba más confiado que nunca en el hombre que yo era. En ese momento, mis adicciones a la pornografía y la masturbación se habían ido desvaneciendo. Era una nueva persona que había experimentado una increíble transformación.

Ese día, caminaba por el aeropuerto buscando algo de comer y vi un restaurante de *Subway* en el piso de abajo. *Excelente*, pensé, *voy a ir allí por un sándwich*. Caminé hacia la escalera eléctrica y de pronto escuché la voz del Espíritu Santo diciéndome: "No bajes allí." Confundido, y un poco incrédulo, ignoré la clara advertencia.

"*Es ridículo*", pensé. Me había manejado tan bien en mi proceso de pureza, además solo iba por un sándwich. ¿Qué podría salir mal? Así que fui y bajé por las escaleras. Pero tan pronto como llegué abajo, levanté la vista y ¡me encontré a tres metros de aquel modelo de las revistas de *fitness* en persona! Este tipo, increíblemente atlético y atractivo, que había sido el objeto de muchas de mis fantasías, estaba sentado justo delante de mí, en carne y hueso y solo llevaba una camiseta sin mangas. Me sentí tan excitado que, por primera vez en varios meses de victorias y encuentros con Dios, la lujuria me abrumó. Me fui al baño, fantaseé y me masturbé.

Me sentía devastado. Estaba avanzando tan bien. Sabía que eso no era quien yo era. Esas cosas ya no eran parte de mi vida. Pero, entonces, ¿qué había sucedido? Increíblemente desanimado, luché por un rato para reponerme y darme cuenta de que el Señor puede usar incluso un momento como este para mi beneficio.

La Advertencia

Dios está interesado en cada paso de nuestro camino. El Espíritu Santo me había hablado, tratando de protegerme de mi propia debilidad, en un momento de vulnerabilidad. Y lo había hecho como respuesta directa a mis años de orar pidiendo Su ayuda. En ese momento, cuando decidí ignorar su guía, lo que pensé fue que yo sabía más que Él. Me había salido de mi íntima relación con Él, escogiendo mi propia voluntad, en vez de confiar en Él. Y por esa razón, me expuse a una batalla para la que yo no estaba preparado.

Cuando los israelitas dejaron la esclavitud en Egipto, la Biblia dice que *"Dios no los llevó por el camino que atraviesa la tierra de los filisteos, que era el más corto, pues pensó: «Si se les presentara batalla, podrían cambiar de idea y regresar a Egipto». Por eso les hizo dar un rodeo por el camino del desierto, en dirección al Mar Rojo"* (Éxodo 13:17-18). De la misma manera que guio a los israelitas, Él está continuamente guiándonos para librarnos de la esclavitud, hacia su libertad. Él está comprometido con nuestro viaje y nos desviará de la batalla para la que no estamos equipados para ganar. Nuestro trabajo es permanecer cerca de Él y dejar que nos guíe.

Para mantenernos victoriosos, necesitamos aumentar la consciencia de nosotros mismos cuando se trata de reconocer nuestro estado mental. Existe una razón por la que el diablo trató de tentar a Jesús en el desierto, al final de Su ayuno de 40 días. Buscó el momento "oportuno" (ver Lucas 4:13). Nuestra salud mental, emocional y física están todas relacionadas. Puede ser mucho más fácil que cedamos a la tentación cuando nos sentimos débiles en algún área, siendo que en otras circunstancias resistiríamos. Algunos amigos míos que se han recuperado con programas como Alcohólicos Anónimos, tienen una manera muy fácil de recordar las cosas que pueden hacernos especialmente vulnerables a la tentación. Es un acrónimo brillante, H.A.L.T., que significa hambriento, enojado, solo, cansado.[3, 4] Mi amigo Mark Peterson suele agregar también *aburrido* y *estresado*. Cada una de estas condiciones dejan a una persona susceptible en la posición de tomar ciertas decisiones que en otras circunstancias no las. Mirando en retrospectiva, puedo ver que mientras iba caminando por el aeropuerto, definitivamente tenía hambre, pero también estaba cansado de mi visita a Redding, que estuvo llena de reuniones, y me sentía solo porque acababa de dejar atrás aquellas amistades tan profundas y vivificantes para mí. Yo no estaba completamente consciente de todo lo que me estaba sucediendo internamente, pero el Señor sabía que yo estaba en una situación vulnerable. Y me advirtió.

Dado que yo estaba en una situación H.A.L.T., y no era consciente de mi atmósfera interna, salí de mi relación íntima con Dios por un momento e ignoré la voz del Espíritu Santo, prefiriendo resucitar por un instante mi vieja naturaleza pecaminosa que estaba muerta. Fallé al blanco y, cuando eso sucede, Dios nos invita a restaurar rápidamente nuestra conexión con Él, volviendo de nuestro pecado y caminando de vuelta por la senda de la intimidad con Él. Es una restauración que puede suceder en unos instantes. Pero primero necesitamos ser vulnerables con el Señor, confesar que lo que hicimos fue pecado, expresar nuestro pesar y pedirle que nos perdone. Entonces, con una reflexión momentánea, recordamos cómo hemos rendido nuestras vidas a Él, y nos rendimos de corazón nuevamente. Él es el Señor de nuestras vidas.

Después de eso, podemos reportarnos con aquellos que son nuestras relaciones clave. Mi experiencia en el aeropuerto fue lo suficientemente significativa como para invitar a un amigo de confianza a mi proceso y confesar, y compartirle mi experiencia, y por otro lado, recibir su amor y compasión, y alguna oración. A final de cuentas, la restauración después del pecado es recordarnos quiénes somos y de quién somos, a fin de no permitir que entre acusación o condenación. Podemos declarar nuestra identidad sobre nosotros mismos llamándonos puros, limpios, la Novia sin mancha, hombres o mujeres amados de Dios, su real sacerdocio.

El crecimiento en el proceso

Las veces en que terminamos detonando y actuando en pecado suelen percibirse como si retrocediéramos. Sin embargo, esos momentos no descalifican la hermosa obra de santificación que Dios ya ha completado en nosotros. Solamente indican que hemos dado unos pasos hacia atrás en nuestra vieja identidad, permitiendo que nuestra inseguridad sobrepase nuestra confianza en Cristo. Al enemigo le encanta que creamos que, dado que resbalamos, hemos desbaratado todo los avances que habíamos ganado. Nada le gustaría más que vernos renunciar, hundirnos en desesperación y creer que tenemos que volver a comenzar nuestro proceso desde el principio.

Pero nuestro camino a la plenitud no es un juego de Serpientes y Escaleras. No resbalamos de pronto y caemos de nuevo hasta el principio. Tengo muchos amigos que después de haber tenido una victoria significativa, en algún momento, tuvieron alguna clase de tropiezo moral. Pero siguieron perseverando y no volvieron a caer. Una vez que nos hemos comprometido a asociarnos con Dios, estamos avanzando.

Y el Señor, en su misericordia, utiliza incluso esos momentos de tropiezo para ayudarnos a crecer en la plena expresión de nuestro más auténtico ser.

Nuestros tropiezos, después de todo, simplemente son áreas de dolor no sanadas o necesidades del corazón ignoradas. Y muchas ocasiones las situaciones que desencadenan la atracción sexual, de hecho, nos ayudan a ubicar las mismas áreas que el Espíritu Santo quiere sanar. Mi amigo Andrew Franklin comparte su proceso con los momentos de atracción hacia el mismo sexo. Explica cómo ha aprendido a reconocer sus desencadenantes por lo que son. En lugar de sentirse atraído al mismo sexo y darle a esos sentimientos la autoridad sobre su vida, lo que hace es revisar su corazón con Dios: "Cuando experimento [un momento de atracción hacia el mismo sexo] se que puedo volver con Dios y preguntarle, '¿Qué me está pasando? ¿Sucedió algo que me hace sentir inseguro o ansioso?', porque he aprendido que allí es donde la atracción hacia el mismo sexo surge de mí."[5]

Cuando tenemos necesidades emocionales insatisfechas, es posible que se sexualicen. Como vimos en el capítulo 2, el sexo es profundamente íntimo. Pero actuar sexualmente no trae la plenitud que ansiamos. Lo que nuestros corazones quieren es ser vistos, ser conocidos, ser confortados, ser aceptados, estar seguros. Dios está allí para ayudarnos a crecer en el entendimiento de nuestros propios desencadenantes, para que podamos sanar el dolor y satisfacer las verdaderas necesidades de nuestro corazón. Cuando detonamos o nos excitamos sexualmente en una situación no deseada, podemos hacer un alto y preguntarle al Señor —sin sentir vergüenza— por qué estamos sintiendo esta atracción. Entonces, podemos escuchar Su consejo. Estos momentos constituyen en realidad invitaciones para decidir y para llegar a una mayor intimidad con Dios, si tan solo descansamos y mantenemos el rumbo.

Fe Perdurable

Nunca, nunca, nunca renuncies

Cecil Jackman sufrió por mucho tiempo repetidos abusos dentro y fuera de su casa. Su camino resalta las diferencias entre la determinación y la fe perseverante. La determinación es un atributo maravilloso y una importante cualidad, pero tiene como límite la voluntad humana. La fe, sin embargo, descansa en la fuerza y fidelidad de Dios. Fe perseverante significa que no solamente estamos decididos a caminar por esta vereda hacia la plenitud, sino que también reconocemos que el Todopoderoso camina junto a nosotros, empoderándonos con Su gracia y cubriéndonos con Su misericordia.

> Crecí en una iglesia cuando estaba en la escuela secundaria. Conforme crecía, conectaba más con las chicas que con los chicos. Mi abuela también fue mi gran amor. Nunca pude construir lazos con mi papá. Era adicto al trabajo y solía abusar física y verbalmente.
>
> Sufrí de abuso sexual desde muy pequeño: fui violado a la edad de cuatro años por mi niñera en la tina de baño. Sentí que si yo hubiera sido niña no me habría hecho eso. En la escuela, el auxiliar de mi maestra de tercer grado le dijo a toda la clase que yo era homosexual y explicó detalladamente lo que eso significaba. Mi apodo fue desde entonces "Cecil el Homo", y así fue hasta octavo grado. Cuando estaba en octavo grado, mi maestro me manoseó. No fui bueno con los deportes de pelota y por lo tanto, en la clase de deportes yo era la burla de todos, lo que hizo que me apartara aún más de los chicos de mi edad.
>
> En la universidad me convertí en asiduo visitante de una librería para adultos. Me volví adicto a la pornografía gay

165

cruda y a la masturbación, aunque no tuve relaciones sexuales hasta los 26.

Decidí que sería un buen y célibe cristiano gay. Decidí trabajar tan duro como pudiera para Dios, para que Él me liberara. Pero nunca hubo un cambio. Así que después de un par de años de servir en todos los ministerios que encontré, llegué a la conclusión de que Dios me aborrecía.

A los 26 años me encontré a un primo gay al que no había visto en años. La siguiente noche fuimos a un bar gay. Allí me sentí libre. Estaba rodeado de tipos como yo. Pero justo cuando estaba allí tomándome una cerveza, sentí que Dios me dijo: "¿Qué haces aquí?" Así que me puse en pie, le dije a mi primo que tenía que irme a casa, y me fui. La siguiente semana sentí la misma necesidad de irme, pero esa ocasión me tomé la cerveza, disfruté la fiesta, y tuve sexo con otro hombre.

Técnicamente sólo estuve así dos meses, pero toqué fondo rápidamente. Una noche, cuando iba manejando a casa después de pasar una noche en discotecas gay, me di cuenta de que ya no sentía la sensación de conexión con Dios. Me quedé sintiéndome solo y vacío. Estaba desesperado y me anoté en un programa de rehabilitación en Nueva York. El pastor en ese lugar me dijo que podía ayudarme.[6]

Así fue como Cecil viajó a Nueva York, buscando ayuda desesperadamente. Se unió al programa y comenzó a seguir los pasos. No era nada sencillo enfrentar los años de dolor, rechazo y convicciones torcidas acerca de Dios. "Hubo veces en las que me llenaba de miedo y quería correr. Hubo veces que renuncié por algunas horas. Bueno, en realidad nunca renuncié tanto tiempo. Le dije al Señor: 'Me comprometeré con lo que sea necesario, siempre y cuando pueda ver [lo que me están enseñando] en la Biblia y no abusen de mí.'" Contrario a lo que Cecil pensó, los líderes en el programa de rehabilitación fueron amables y él no renunció. Aferrándose a su compromiso con Dios y a la esperanza de que había una libertad de una vida de deseos homosexuales, comenzó a encontrar a Dios de una nueva manera. Vez tras vez, el programa lo llevaba hacia la realidad del amor de Dios hacia él, hasta que finalmente eso transitó de su cabeza hasta su corazón. Dios lo amó, y de pronto, entendió que Dios estaba de su lado y que había sido creado con un propósito.

No obstante, aún con esta revelación, el camino por recorrer no fue sencillo ni corto. "Tropecé algunas veces. Varias veces renuncié. Eché cosas a perder, pero siempre la misericordia me acompañó durante todo el viaje. La gracia de Dios fue lo suficientemente poderosa para salvarme cuando me identifiqué como gay y Su gracia y misericordia fueron los suficientemente fuertes para mantenerme en el proceso de caminar hacia la plenitud. A eso se le conoce como la batalla de la fe. Es una batalla." Cada vez que terminaba derribado, se levantaba y volvía a la batalla. Una de sus claves para permanecer en esta batalla de fe fue la adoración. "En los tiempos difíciles recurría a la Palabra, me mantenía en comunión con los demás y adoraba en mi lugar secreto, volcando el dolor, el sentimiento de injusticia y el miedo ante Dios." Compartía honestamente su corazón, pero como David, siempre volvía a la adoración. Y de esa forma, las montañas que enfrentaba se hacían más pequeñas conforma crecía la visión de Dios. "El cambio no fue de la noche a la mañana, pero sí fue continuo. Siete años más tarde, me casé con una mujer llamada Christine. Después del trauma y la desesperación, nunca imaginé que podría sentir tanta esperanza en el futuro."[7]

El Salmo 23 dice: *"Aun si voy por valles tenebrosos, no temo peligro alguno porque tú estás a mi lado; tu vara de pastor me reconforta"* (Salmo 23:4). Este versículo apunta algunas verdades. Habrá veces en que sentiremos que estamos caminando *"por valles tenebrosos."* No estoy seguro de que exista una buena manera de evitar ese proceso; pero el miedo no necesita acompañarnos en estos valles, porque Su perfecto amor nunca nos abandona. Dios siempre está presente, trayéndonos Su protección y Su consuelo. Y, finalmente, como dice Kris Vallotton, cuando nos encontramos caminando por el valle, debemos seguir caminando. No podemos detenernos. No es un lugar para detenernos. Tenemos que *"pelear la buena batalla"* manteniendo nuestros ojos fijos en la maravilla de nuestro Dios Todopoderoso y la visión de plenitud que nos es dada por Su Hijo (1 Timoteo 6:12).

Preguntas para ti

- ¿Cuáles son algunas disciplinas que puedes implementar en tu vida para ayudarte a evitar la tentación y los detonantes que pueden causarte que cedas o que peques?
- La próxima vez que te sientas tentado sexualmente, ¿qué puedes hacer proactivamente en ese momento? Escribe aquí algunos pasos que estarías dispuesto a dar de forma proactiva.

¿Cuáles son algunas de las acciones que podrías tomar para volver a un camino saludable si en el futuro te encontraras repitiendo comportamientos pecaminosos que te son familiares?

Activaciones

- **Evalúa tu vulnerabilidad:** Piensa en un par de ocasiones en las que hayas cedido o pecado en el área de tu pureza (lujuria, pornografía, o actividades sexuales pecaminosas). ¿Qué estaba sucediendo en tu vida en ese momento? ¿Tenías hambre, estabas enojado, solitario, cansado, aburrido y/o estresado? Trabaja en ser más consciente del estado de tu mundo interior cuando experimentas las tentaciones más grandes o los fracasos morales. Averigua qué escenarios debilitan tus defensas y sé proactivo en evitarlos o cambiarlos rápidamente.

- **El capítulo de la fe:** Lee el capítulo de la fe (Hebreos 11) para recordarte todas las maravillosas, e incluso imposibles logros que experimentó la gente que tuvo fe en Dios. Escribe un párrafo sobre por qué el proceso en el que estás con tu identidad sexual no es más imposible que las proezas que cumplieron los héroes de la fe.

Notas

1. Angela Duckworth, *Grit: The Power of Passion and Perseverance* (New York, NY: Scribner, 2016).
2. Andrew Comiskey, *CHANGED: #oncegay Stories,* https://changedmovement.com/stories/andrew-comiskey.
3. Thaddeus Camlin, Psy.D., "Self-Care in Recovery: H.A.L.T. at the Crossroads," Practical Recovery, Enero 20, 2017, https://www.practicalrecovery.com/prblog/self-care-recovery-h-a-l-t-crossroads.

4. Nota del Traductor: La palabra HALT en inglés significa ¡Alto! El acrónimo está formado por las palabras inglesas hungry, angry, lonely, tired, que significan, en ese orden: hambriento, enojado, solo, cansado.

4. Testimonio: Andrew Franklin, in discussion with *CHANGED Movement* staff, 2019.

5. Cecil Jackman, *CHANGED: #oncegay Stories,* https://changedmovement.com/stories//cecil-jackman.

6. Testimonio: Cecil and Christine, in discussion with *CHANGED Movement* staff, 2019.

Capítulo 9

VISIÓN

El Señor compartió sus intenciones para cada uno de nosotros cuando le habló al profeta Jeremías: "*Porque yo sé muy bien los planes que tengo para ustedes —afirma el Señor—, planes de bienestar y no de calamidad, a fin de darles un futuro y una esperanza*" (Jeremías 29:11). Es muy difícil visualizar ese futuro lleno de esperanza que Dios quiere darnos si no comprendemos nuestras nuevas identidades en Cristo, y si no captamos la increíble realidad de que no somos más pecadores, sino santos. Pero este último paso en este viaje es crucial. Proverbios dice que "*Donde no hay visión, el pueblo se extravía*" (Proverbios 29:18). Durante la guerra de Independencia Americana, mientras luchaban en condiciones brutales, George Washington hizo ondear sobre sus soldados una bandera de los Estados Unidos que aún no era oficial. Esa bandera aún no tenía ningún reconocimiento internacional, ni tenía ningún valor monetario por sí misma; pero miles de hombres dieron sus vidas por la visión de unos Estados Unidos libres que estaban simbolizados en ese trozo de tela.[1]

Tener una visión para el futuro nos ayuda a vencer los obstáculos presentes, redefine nuestro enfoque y mantiene nuestra perspectiva en una imagen mayor. La Biblia dice que Jesús soportó un dolor inimaginable, la tortura física y un completo rechazo en la cruz "*por el gozo que le esperaba*" (Hebreos 12:2). Con una visión de su propósito y sabiendo que Su dolor y sufrimiento no durarían para siempre, Jesús se permitió ser crucificado. Su visión del gozo futuro proyectaba una sombra mayor que Su dolor en ese momento. ¡Eso es tener una visión poderosa! Todos los que estamos saliendo de una vida homosexual necesitamos seguir Su liderazgo. Proyectar una visión de completa libertad y plenitud para nuestras vidas puede ser un desafío cuando todo lo que vemos es el pecado presente, la tentación y el dolor pasado; sin embargo, el Señor nos invita a soñar junto con Él acerca de nuestro futuro. Él nos anima a pensar: "Está bien, si soy una nueva creación, entonces ¿cómo será mi futuro?"

Dios está invirtiendo en nuestras vidas y tiene cosas que quiere decirnos sobre nuestro futuro. Así que podemos comenzar confiando en que Su visión para nuestras vidas es buena. Y podemos pedirle que nos la revele. En mi caso, la visión para mi vida era el matrimonio e hijos; aunque puede ser que esa no sea la visión para todos los que han luchado con la homosexualidad. Dios puede darle a la gente visiones para los negocios, para el ministerio, para escribir libros, para tocar música, o para impactar ciudades. Cada persona es única y el Señor conoce bien las cosas que Él diseñó para que cada uno de nosotros alcancemos y qué es aquello que nos hará cobrar vida.

En Habacuc, el profeta le plantea algunas preguntas desafiantes al Señor. Él vivía tiempos difíciles y suplicaba a Dios que trajera juicio sobre la maldad de Judá. Habacuc tiene ciertas expectativas en el tiempo que aparentemente el Señor no está cumpliendo. En vez de sentirse frustrado con las inquietudes de su profeta, Dios le asegura que Él está a cargo de todo eso. *"Estoy por hacer en estos días cosas tan sorprendentes que no las creerán aunque alguien se las explique"* (Habacuc 1:5). En la medida en que el profeta se alinea con la palabra de Dios, el Señor lo va animando: *"Escribe la visión y grábala claramente en tablas para que corra el que las lea... Aunque tarde, espéralo; pues sin duda vendrá y no tardará"* (Habacuc 2:2-3 RVA 2015). Hay ocasiones en las que nuestra capacidad para tener un avance en nuestro futuro demanda que escribamos la visión que Dios nos ha dado y "grabarla" para que podamos seguir corriendo nuestra carrera, confiando en que Dios guiará el camino.

Visión para la familia

Cuando inicié este viaje tomé esta idea literalmente. Escribí, en seis hojas de papel, 2 Corintios 5:17: *"Por lo tanto, si alguno está en Cristo, es una nueva creación. ¡Lo viejo ha pasado, ha llegado ya lo nuevo!"* Entonces, las coloqué en mi baño, sobre mi cama, en mi sala de estar y en la cocina. En una ocasión, un amigo vino a visitarme y se sintió confundido porque pensó que yo estaba queriendo decirle algo a él. Entonces le dije: "¡Oh, no! No son para ti, ¡son para mí!" En esa etapa de mi proceso, necesitaba tener todo el tiempo frente a mí la verdad de mi nueva identidad. Necesitaba un recordatorio constante, una visión de la realidad prometida que estaba luchando por manifestarse completamente dentro de mí.

Debido a que en ese punto seguía sintiéndome excitado por otros hombres, en esos momentos confusos las reacciones físicas de mi cuerpo parecían ser una verdad más grande que mi nueva identidad en Cristo. Sentía como que no estaba progresando, pero esa era una perspectiva carnal. Mis amigos Steve y Wendy Backlund, que son muy acertados en el tema del poder de creer y apropiarse de la Palabra de Dios en nuestras vidas, suelen decir: "Cualquier área de tu vida que no resplandezca con esperanza está bajo la influencia de una mentira." Cuando queremos definir nuestra realidad usando nuestras circunstancias en vez de la Palabra de Dios, como ellos sugieren, nos limitamos a una experiencia terrenal. Pero nuestra vida en Cristo es diferente. Como creyentes nacidos de nuevo caminamos en el Espíritu. Nuestras conclusiones sobre la vida vienen del Espíritu Santo y de la Palabra de Dios, no de condiciones temporales de nuestras realidades presentes.

Al principio de mi proceso, estuve luchando constantemente entre mi experiencia física y emocional y la realidad de quien Dios dice que soy. Necesitaba que la verdad de 2 Corintios me rodeara para recordarme que yo era una nueva creación y que todas las cosas son posibles para mí. No tenía que mirar mi futuro desde la perspectiva de quien había sido yo.

Siendo francos, mi excitación sexual no tenía el poder de borrar mi identidad como nueva creación en la que todas las cosas son nuevas. Mi futuro estaba en las manos del Creador del Universo.

Escuchar la visión de Dios para mi vida de parte de otras personas también me ayudó a no abandonar este viaje. El don de profecía, cuando se usa correctamente, puede traer un ánimo increíble a nuestras vidas. Jill Stacher era una poderosa líder en mi iglesia, conocida por orar y profetizar muy acertadamente dos horas al día. Una vez ella me dijo: "Ya viene tu esposa, y ¡va a ser como fuego!" A esta altura de mi proceso, honestamente, no podía imaginarme que una mujer pudiera excitarme, mucho menos me veía casado y teniendo una familia. Sin embargo, esos eran los deseos más profundos en mi corazón. Esa palabra profética me dio una visión para mi futuro, construyendo la certeza de que esta batalla no sería para siempre. Y estaba progresando.

Le había dicho al Señor que no iba a fingir. Realmente nunca me había sentido atraído sexualmente por una mujer, así que decidí que, si eso no cambiaba, no me casaría. Ni siquiera iba a tener una cita con una chica si no me sentía atraído por ella. Cada mujer merece estar con una persona que se siente fascinado por ella, y no deseaba traer dolor a la vida de alguien de esa manera. Pero el Señor me invitó a tener la visión de casarme con una mujer por la que me sintiera sexualmente atraído. Así que de vez en vez, durante mi proceso, me recordaba esa visión inspirada por Dios, o la promesa profética de Dios para mí, especialmente en el tiempo en que ya iba más avanzado en mi camino.

La bella pelirroja

Había salido con algunas chicas cuando cursaba el bachillerato, la universidad y los años siguientes. Había tenido la bendición de pasar tiempo con algunas mujeres hermosas, por dentro y por fuera. Pero para mí decepción, los sentimientos que tenía por ellas eran incipientes, inconsistentes, los sentía como una presión que había que mantener y los descartaba rápidamente como si fueran una anomalía. La atracción que había tenido hacia los de mi mismo sexo siempre fue mucho más fuerte que eso. Hasta que un día, la chica del cabello largo y el cinturón brillante se sentó del otro lado del salón, enfrente de mí. Se llamaba Tiffany.

Tiffany fue la primer mujer que me cautivó. No podía creerlo, ¡pero me sentía incapaz de quitar mis ojos de ella! Y después de conocerla quería estar con ella todo el tiempo. La admiraba más que a ninguna otra. Era tan pura y linda, tan bella y cariñosa, la mejor oyente del mundo e increíblemente amable. Y, bendito sea el Señor, descubrí que yo le atraía físicamente. Para mí, era despampanante. ¡Bellísima! Pero se trataba de algo más profundo que eso. Me había cautivado por quien era ella. Nuestras conversaciones eran mágicas. Nunca antes había sido capaz de una experiencia como esa, ni había tenido esos sentimientos.

Era evidente que Dios estaba haciendo una obra de renovación en mi mente. Mientras consideraba cómo había sido que Dios me había traído hasta este momento, las palabras de Jill Stacher vinieron a mi mente. ¡Esta debe ser la chica pelirroja que sería "como fuego"!

Finalmente, cuando comenzamos a salir, me di cuenta de que necesitaría contarle a Tiffany sobre mis luchas del pasado. Tendría que decirle a esta joven maravillosa e inocente, que había sido adicto a la masturbación, a la pornografía gay y que había tenido interacciones homosexuales. Si estábamos considerando compartir nuestras vidas juntos, sabía que ella merecía saberlo todo. Pero no tenía idea de cómo respondería.

Un día, de camino a visitar unos amigos, sentí que brotó un deseo de compartir mi historia con Tiffany. Nuestro plan era, después de ver a nuestros amigos, dirigirnos a la casa con su familia para la celebración de Acción de Gracias y quedarnos ahí el fin de semana. Habíamos estado saliendo durante seis semanas y era claro que la relación se enfilaba hacia un futuro juntos. Íbamos conduciendo y justo cuando pensé que era el momento de compartirle, comenzó a escucharse una canción en la estación de radio cristiana.

"Oh, me encanta esta artista", dijo Tiffany.

"¡A mí también!" le respondí.

"Sí, era la mejor. ¿No te parece triste lo que le pasó?" Me sentí un poco confundido porque no sabía de qué hablaba. Me explicó que esa artista recientemente se había declarado gay. "Siento mucha compasión por ella", dijo Tiffany, "espero que ella esté bien". Inmediatamente sentí mucha gratitud de que Dios me hubiera dado una novia que sintiera compasión por la gente que lucha con la atracción hacia el mismo sexo. Literalmente, un segundo después me sentí impulsado por el Espíritu Santo para compartirle mi testimonio. Dios había orquestado esta interacción para que pudiera ver su corazón dulce y comprensivo. Alentado por esto, comencé a contarle mi historia.

"Bueno, de hecho tengo una historia que tiene que ver con eso." Le conté de mis problemas, mi historia sexual y el proceso de restauración por el que el Señor me había llevado durante los últimos años. Le expliqué que por Su gracia y la obra que había hecho en mi vida, prácticamente no sentía esa atracción hacia mi mismo sexo. En lugar de eso, me sentía atraído por ella, lo cual era nuevo para mí. Ella me escuchó con empatía, asegurándome que me estaba comprendiendo y que me aceptaba, y que esto no sería ningún problema en nuestro noviazgo.

Me sentía en la luna. ¡Acababa de compartir la parte más terrible de mi testimonio y mi novia me había comprendido completamente! ¡Qué increíble! ¡Y qué alivio!

Me preguntó si podíamos detenernos, así que me detuve para cargar gasolina. Mi corazón se sentía ligero, aliviado y alegre. Lo que yo no supe, hasta meses después, fue que en ese mismo momento, Tiffany estaba en el sanitario de la estación teniendo un fuerte ataque de pánico. Se había mantenido de una pieza escuchando mi historia, y me había respondido con mucha gracia y compasión, para apenas llegar al sanitario antes de venirse abajo. Ideas llenas de miedo se agolparon en su cabeza: *¡Siento que quiero a este muchacho! Todo va muy bien, ¡¿y ahora me dice que tiene un pasado homosexual?! Y se supone que ahora vamos con mi familia para la cena de Acción de Gracias. ¿Qué hago ahora?*

En medio del pánico y la confusión, escuchó la voz del Señor que interrumpía sus pensamientos de ansiedad: "No vuelvas a verlo así nunca más; porque no es así como Yo lo veo." De pronto volvió en sí y se dio cuenta de que el Señor tenía una visión para mi vida, y ella necesitaba sumarse a Su visión de mí. A Sus ojos, mi pasado había quedado atrás, estaba muerto y se había ido; así que ella no tenía derecho de verme así jamás. Habiendo recibido esa palabra del Señor, salió del baño y se me unió para el resto de nuestro viaje.

Haber escuchado estas palabras de Dios no significó que la conversación había terminado. El Señor no le estaba pidiendo a Tiffany evadir sus sentimientos o ignorar las dudas que surgirían conforme procesara esta nueva información. El Señor le había dado una visión para mi vida, pero ella también necesitaba saber en qué punto me encontraba dentro de mi proceso de libertad. Tuvimos muchas conversaciones sobre mi pasado en los siguientes días. Necesitaba procesar conmigo todo lo que le había dicho, necesitaba la libertad de hacerme preguntas, y necesitaba más información para poder entenderme mejor. Le di la bienvenida a estas charlas y la animé a hablar con mis amigos y mentores que me habían visto recorrer este camino. En la medida de que me sentí más y más seguro de mi identidad en Cristo, la vergüenza no me controlaba. Conocía la libertad que el Señor había traído a mi vida y quería que Tiffany se sintiera segura, y compartir con ella esa confianza.

Seguimos saliendo los siguientes meses. Nos comprometimos seis meses después de eso, y ahora tenemos casi 15 años de casados. Cuando Tiffany me contó cómo se enfrentó a mi pasado, incluyendo historia del ataque de pánico en el baño, no me sentí lastimado al escuchar de su confusión. Sentí compasión por su temor, pero me maravilló lo que Dios le dijo: "No vuelvas a verlo así nunca más; porque no es así como Yo lo veo." Era una confirmación más de mi identidad. Dios no me veía como gay. Solo me veía como Su hijo redimido. Y eso me dio una mayor visión para mi futuro.

Cuando llegamos a Cristo, Él nos hace nuevas criaturas. La visión de Dios para nuestras vidas no se limita a nuestras debilidades, nuestras tentaciones o nuestros fracasos. En la medida en que crecemos en nuestra intimidad con Él, entramos en la *realidad* de ser nueva creación.

Tenemos que experimentar nuestras verdaderas identidades viviendo plenamente desde ese lugar de hijos o hijas. Estamos sentados en los lugares celestiales con Cristo, no siendo simples humanos, sino seres guiados por el Espíritu para quienes todas las cosas nos son posibles. Mantener la visión de Dios delante de nosotros conforme caminamos hacia la plenitud, nos anclará en Sus promesas. Y, como mi amigo Ángel Colón experimentó, esto puede salvar nuestras vidas.

La Redención de "Pulse"

Ángel y su buen amigo Luis Javier Ruiz, organizaron la Marcha de la Libertad en Orlando. Estuvieron haciendo pública la transformación que Dios hizo en sus corazones y su sexualidad. Fue increíblemente poderoso escuchar sus testimonios, porque ellos dos estuvieron presentes en la madrugada del 12 de junio de 2016, cuando un hombre abrió fuego en "Pulse", un centro nocturno gay en Orlando, matando a 49 personas y dejando heridas a 53 más. Fue en medio de esa terrible noche que Ángel encontró a Dios.

> Mi vida antes de buscar un cambio en mi sexualidad era lo que yo llamaría "un desastre". Solo, vacío, infeliz, encadenado y no amado, era como me había sentido después de salir del armario. Entre más infeliz, peor se ponía todo. Mi vida estaba tan consumida por la homosexualidad, las drogas y el alcohol que no le dejaba tiempo a mi familia. Dado que había crecido en un hogar fuertemente cristiano, sentía un profundo conflicto entre lo que había aprendido que era bueno y correcto, y la vida que estaba llevando.

Me desperté con una fuerte resaca el 11 de junio de 2016, luego de una noche de alcohol y drogas. Por la noche, unos amigos y yo fuimos a Pulse, un club nocturno en Orlando. A las 2:02 am, todo cambió. Mientras nos estábamos despidiendo, escuchamos un gran ¡POP! Solté el vaso con mi bebida al darme cuenta que era el sonido de disparos de arma de fuego. Mientras corríamos, me dispararon varias veces y caí, arrastrando a mis amigos conmigo. Cuando traté de levantarme, sentí un pie que pisaba detrás de mi pierna izquierda y escuché un fuerte crujido, que resultó ser el ruido de mi fémur izquierdo al romperse. No podía moverme ni sentir mis piernas, así que solo alcancé a cubrir mi cabeza y quedarme quieto. Lo que le siguió fue un caos alrededor de mí. Traté de confortar a una mujer que estaba tirada junto a mí, susurrándole que fingiera estar muerta.[2]

Sangrando de sus heridas, y con una pierna rota, Ángel quedó atrapado mientras escuchaba al tirador moviéndose intencionalmente por el lugar, disparando a cada uno de los que quedaban vivos, tirados sobre el piso. La mujer que estaba junto a él empezó a gritar histéricamente mientras el tirador se iba a cercando a donde estaban. "Yo le dije, 'Tienes que callarte. Viene para acá. Tienes que callarte. ¡Finge que estás muerta!'" Pero en la medida en que los disparos se acercaban, la mujer gritaba más fuerte. Horrorizado, Ángel trataba de hacer más lenta su respiración, cerrando sus ojos y fingiendo que ya estaba muerto. En eso, oyó un fuerte ¡pop! detrás de sí. Cuando abrió sus ojos, la mujer cuya mano había estado sosteniendo, estaba muerta. Se llenó de pánico y se preparó para morir.

"Me dije, 'Ángel, tranquilízate. Estás a punto de morir. Estás a punto de morir.' Podía sentir su presencia siniestra detrás de mí... como cuando sabes que alguien te está mirando." Podía sentir al tirador de pie sobre él, y él tirado completamente expuesto en medio de la pista de baile; pero no hubo disparos. Entonces se dijo: "Muy bien, Ángel, este es el momento que el Señor te ha regalado para hacer las paces con Él, porque ahora estás a punto de morir." Así que empezó a orar, a arrepentirse y a pedirle perdón a Dios, confesando su amor y rogándole a Dios que lo llevara con Él porque estaba a punto de morir. Sin embargo, nada sucedía. El tirador seguía de pie detrás de él.

Pero repentinamente algo cambió y Ángel comenzó a percatarse de la batalla espiritual que estaba sucediendo sobre de él. "Podía sentir el mal y el bien arriba de mí, peleando por mi vida." Tan pronto como sucedió eso, su oración cambió. "Cambié mi oración y comencé a profetizar al Señor, y dije: 'Señor, no voy a salir muerto de aquí hoy. Tú le prometiste a mi mamá que su hijo tendría un propósito en la vida... voy a salir vivo de aquí. Y cuando salga vivo de aquí, te voy a adorar el resto de mi vida." Tan pronto como comenzó a hacer estas declaraciones sobre su propia vida, la atmósfera comenzó a cambiar en la medida en que experimentaba la autoridad que tenía en Cristo.

"En el instante en que dije 'Amén' oí un ¡pop! muy fuerte. Sentí que mi cuerpo saltó, sentí como si el corazón se hubiera ido al vientre, y vi todo negro." Ángel creyó que estaba muerto. Pero entonces volvió en sí y oyó los pasos del tirador alejándose hacia otro salón del club. De repente vio las luces de un auto de la policía centelleando a través de la puerta. "Levanté mis manos, gritando: 'Por favor, sálvenme. ¡Estoy vivo!'" Todavía se escuchaban disparos en el club cuando el oficial lo arrastró sobre los cuerpos y los vidrios rotos. Su fémur estaba roto, tenía seis balas, tendría que volver a aprender a caminar; pero se había salvado.[3]

Él alcanzará infinitamente más

El proceso de transformación de Ángel inició a esas horas de la madrugada, mientras yacía sangrando en el piso del club nocturno. Su espíritu se levantó en él, asiéndose de la visión para su vida que el Señor le había dado a su mamá cuando él estaba aún en el vientre. Y él usó esa revelación para pelear contra las fuerzas demoníacas esa noche. No ha sido un viaje sencillo ni rápido, pero Ángel recibió una visión de cómo Dios lo veía —hecho a Su imagen y lleno de Su propósito— y eso se convirtió en la fuerza motriz de su transformación. Esta clase de cambio es el que está en el mismo corazón del Evangelio. Dios está presente con nosotros y se está invirtiendo profunda e íntimamente en nuestras vidas. Puede haber muchas voces en el mundo diciéndonos que dejar la homosexualidad no es posible, pero el Creador del Universo, el que sopló vida en nuestros pulmones, dice que sí lo es. Él prometió que si rendimos nuestras vidas en Sus manos, Él hará más de lo que siquiera imaginamos que es posible. Nuestro trabajo es permitir que la visión que Él tiene de nosotros se arraigue en nuestras vidas, confiando que, conforme nos deleitamos en Él, experimentaremos los deseos de nuestro corazón (ver Salmo 37:4).

Al concluir estas seis claves para la transformación quiero orar sobre ti la oración que hizo Pablo para los creyentes de Éfeso. Estas palabras vienen del corazón de Dios, traídas a través del corazón de un hombre que había experimentado uno de los arrepentimientos más radicales en las historias en la Biblia. Desde cazar cristianos a sangre fría, hasta convertirse en un radical devoto al cuerpo de Cristo, Pablo es una expresión viva del poder de transformación de la gracia de Dios. Deja que estas palabras divinamente inspiradas penetren en tu corazón, mientras el infinito amor de Dios te rodea:

De rodillas y con asombro ante el Padre de nuestro Señor Jesús, el Mesías, el perfecto Padre de cada padre e hijo que hay en el cielo y en la tierra. Yo oro para que Él, quite el velo dentro de ti, de las ilimitadas riquezas de Su gloria y favor hasta que las fuerzas sobrenaturales inunden tu ser más interior con su divino e impresionante poder.

Y entonces, al utilizar constantemente tu fe, la vida en Cristo sea liberada en lo profundo de ti, y que el lugar de reposo, que es Su amor, se convierta en la misma fuente y raíz de tu vida.

Para que entonces recibas el poder para descubrir lo que cada santo experimenta: la gran magnitud del asombroso amor de Cristo en todas sus dimensiones. ¡Cuán profundamente íntimo y de largo alcance es Su amor! ¡Cuán duradero e inclusivo es! Un amor sin fin, más allá de toda medida, que trasciende nuestro entendimiento: ¡este amor extravagante se derrama en ti hasta que estés lleno, hasta rebosar de la plenitud de Dios!

No hay duda de que el poder de Dios que obra en ti terminará esta obra. Él alcanzará infinitamente más que tu petición más grande, que tu sueño más increíble, y excederá tu imaginación más descabellada. Él hará todo esto por medio de su milagroso poder que constantemente te llena de energía.

Ahora, ofrezcamos a Dios toda clase de alabanzas gloriosas que se levantan en cada iglesia en cada generación a través de Jesucristo, y todo lo que habrá de manifestarse a través del tiempo y la eternidad. ¡Amén! (Efesios 3:14-21)[4]

Preguntas para ti

- Conforme has ido leyendo este libro, ¿te ha revelado el Señor alguna información acerca de tu futuro o de la visión que Él quiere que tengas para tu vida en adelante? ¿Qué es lo que te ha mostrado?
- ¿Has recibido alguna palabra profética que sentiste inspirada divinamente relacionada a tu futuro? Escríbela aquí.
- ¿Hay algunos versos de la Biblia que sientas personales y más relevantes para tu vida? ¿Cuáles son?

Activaciones

- **Busca la visión de Dios:** Dedica un tiempo ininterrumpido para estar con Dios en oración y adoración. Pídele que te revele más sobre Sus deseos para tu futuro. Escribe cualquier cosa que venga a tu mente. Toma esa información junto con las respuestas que escribiste en la sección anterior de preguntas y ora sobre ellas. Pídele a Dios que te muestre qué partes de esa información son más importantes y cómo puedes cooperar con Su visión para ti. Escribe las ideas que te vengan a la mente. Escribe la información en un formato claro y simple, algo como una declaración de visión para tu vida. E incluye también pasajes claves de las Escrituras, palabras proféticas y revelaciones. Entonces, muéstraselas a algunos consejeros espirituales de confianza en tu vida. Pídeles su punto de vista y cuál sienten que sea la visión de Dios para tu futuro.

- **Declaraciones:** Luego de haber completado la activación anterior, agrega a tu declaración de visión cualquier otra aportación relevante de parte de tus consejeros espirituales. Haz algunas copias y colócalas en lugares en los que puedas verla frecuentemente y recordarla (tu coche, el baño, tu cocina, etcétera). Ora varias veces a la semana sobre tu visión, pidiéndole a Dios gracia, dirección y favor. Declara valientemente que harás las cosas dentro de la visión que Dios te ha dado. Y agradece a Dios por su liderazgo en tu vida.

Notas

1. "American Revolution Flags," Revolutionary War and Beyond, May 1, 2020, https://www.revolutionary-war-and-beyond.com/american-revolution-flags.html.
2. Angel Colon, *CHANGED: #oncegay Stories,* https://changedmovement.com/stories/angel-colon.
3. *Homosexuality and the Church: BSSM Advanced Ministry Training 2019-2020 Year,* "Session 7: Wholehearted Surrender with Luis Javier Ruiz and Angel Colon, Orlando Pulse Nightclub Shooting Survivors," Equipped to Love.
4. Nota del traductor – traducción libre del correspondiente pasaje, de la versión *The Passion Translation*.

Capítulo 10

EL FRUTO DE LA BATALLA

La tarde del 12 de agosto del 2006 comenzó a sonar la suave melodía "Dawn" de Jean-Yves Thibaudet, y el más grande cortejo de bodas vista en la iglesia de mi infancia de 25,000 miembros, procedió a avanzar por el pasillo. Estaba por casarme con la mujer que había sobrepasado mis sueños. Flanqueado por 12 caballeros y 12 damas de honor, podía sentir el peso y la honra de ese momento. Durante los años anteriores, no me había enfocado en llegar hasta el altar con una mujer a mi lado, sino en caminar con Dios. Sin embargo, Su bondad me había llegado hasta este punto; había andado un largo camino de crecimiento y sanidad para poder encontrarme aquí. Y ahora era el hombre que tuvo el privilegio de tomar las manos de esta estupenda mujer mientras comprometíamos nuestras vidas el uno con el otro. En mi mente no cabía duda de que casarme con Tiffany era exactamente lo que yo quería hacer, y esa misma confianza se percibía como milagrosa. ¡Nuestra boda fue un evento épico! Y disfruté cada instante de ella.

Comenzamos la ceremonia adorando junto con nuestros 400 invitados que llenaban la capilla de la iglesia con alabanza. Mi papá estuvo de pie a mi lado como mi padrino. Mi proceso de crecimiento había hecho más sólida nuestra conexión y no podía imaginarme no dándole a él ese lugar de honor. Había habido muchos, muchos momentos en mi proceso personal en el que estuve seguro de que nunca me enamoraría de una mujer y me casaría. Pero en ese momento nuestra comunidad estuvo con nosotros, respaldando nuestra unión, diciéndole "sí" al hombre en que me había convertido, y diciéndole "sí" a la convicción con la que se me confiaría la vida de esta hermosa chica. Sentía que una década, o más, de duro trabajo, apoyándome en mi relación con Dios, me había llevado hasta este momento. La presencia y la confirmación de Dios eran palpables. Levanté mis manos maravillado en adoración.

Después de la ceremonia, nos dispusimos a celebrar. Con desbordante alegría, para nosotros la recepción pasó volando, y en lo que parecieron cinco minutos, ya estábamos en nuestra suite de luna de miel. Uno de mis amigos, Casey, había manejado más de una hora para decorar la habitación del hotel para la noche de bodas. Así que cuando llegamos, nos recibió una espléndida suite en un pent-house lleno de velas, música de fondo, y fruta y champagne esperando ser consumidas. Era absolutamente bello.

Toda la boda había sido preciosa para mí, manifestando la indescriptible bondad de mi Dios. Yo, y nadie más, podía estar de pie libremente, enamorado, delante de mis amigos y familia, asumiendo un compromiso por el resto de mi vida con mi bellísima novia. Fui el que estrechó la mano de todos en la recepción. Y ahora, yo era el hombre que había dispuesto esta hermosa suite de luna de miel para mi novia. Estaba tan orgulloso de poder brindarle a ella este momento. La cargué para cruzar el umbral, ambos embelesados. Salimos al balcón, nos sentamos juntos, y saqué mi lista de "las 100 cosas que amo de ti". Se las leí en voz alta. Era mi manera de afinar el tono de nuestra noche de bodas. Quería que todo lo que sucediera esa noche se construyera sobre honor y sobre nuestra conexión emocional y espiritual.

Sintiéndome enamorado y feliz, nos movimos a la habitación donde todo era maravilloso. Es decir, hasta que me di cuenta de que, aunque yo estaba, o debería decir estábamos, "en eso," no podía tener un orgasmo. Sabía que no era normal. "Se supone que los hombres deben terminar rápido", pensaba. *¿Qué me está pasando?* De repente, todas las mentiras con las que yo había estado luchando durante las décadas pasadas, todo aquello a lo que creí que le había puesto un punto final cuando había estado al lado de mi novia, delante de nuestros amigos y familiares, se levantó como un muro de terror ante mí.

Me llené de pánico. Los pensamientos se agolpaban en mi mente, llenos de dolor y terror: Ya lo veo. *Toda esa libertad que sentí en la boda fue una ilusión. Quedé mucho más dañado de lo que pensé. Jamás seré suficiente para ella.* Lleno de ansiedad y sintiéndome absolutamente solo, traté de averiguar qué era lo que estaba mal en mí. Mi esposa me atraía. Incluso desde antes de la boda estaba consciente de mi atracción física por ella. Entonces, ¿por qué no cooperaba mi cuerpo? ¿Y a quién podía contarle esto? No es una buena idea llamar a alguien para pedirle ayuda por esto en tu noche de bodas, ¿verdad?

Me sentía tentado a sentirme completamente humillado y aterrorizado de que mi transformación no hubiera sido tan completa como creía; así que me volví a la única persona que sentía que era la más cercana, para dejarle entrar a mi trágico fracaso como hombre: "Tiffany, no sé qué es lo que no está funcionando. Me siento muy avergonzado. Me siento como un fracaso."

Ella se volvió a mí, sorprendida de la profundidad de mis emociones, y me dijo tierna y con naturalidad: "Esto no es problema. Veremos qué hacer. No te preocupes por esto. Tú estás bien. Te amo." En ese momento ella había comunicado algo muy profundo a mi corazón. Se había casado por mí, por todo lo que hay en mí, ya fuera lo bueno, lo malo o lo feo. Me amaba, amaba a la persona completa. La masculinidad que yo podía ofrecerle era suficiente para ella.

No haber podido tener un orgasmo en nuestra primera noche juntos había detonado mis peores temores sobre mi pasado, mi proceso y mi habilidad de ser un esposo. El enemigo había tratado de minimizar mi identidad una vez más, al definirme como mi comportamiento sexual. Sin embargo, el amor de Dios y mi nueva esposa desmantelaron esa perspectiva tan limitada. Y de pronto me di cuenta de que Tiffany me amaba genuina e incondicionalmente. Para mí era un gran problema, pero no para ella. Y ese amor me sacó de mis miedos de vuelta a mi verdadera identidad. En lugar de permitirme fijarme en mis temores y aparente insuficiencia, ella me invitó, como su esposo, a reposar de vuelta en aquello que me había llevado al lugar donde estábamos: nuestra intimidad y el abundante amor el uno por el otro.

Con esa interacción, la tormenta en mi interior se calmó. Estuve a punto de ser consumido por mi temor en ese momento de duda. El enemigo había tratado de aislarme, susurrando a mi corazón que eso era la simple evidencia de lo que había tratado de decirme todo el tiempo: que realmente yo no había cambiado, que no sería suficientemente hombre y que iba a decepcionar a mi hermosa novia. La batalla en mi mente había estallado al rojo vivo; pero el bálsamo fresco del auténtico amor, la verdad de Dios y la conexión que Tiffany y yo habíamos cultivado, sofocaron el fuego. El temor nos había amenazado con robarnos, pero la verdadera intimidad había vencido. Me di cuenta de que el mismo enfoque en la intimidad que me había llevado a la noche de luna de miel, me llevó a través de aquella misma noche.

Pude relajarme sintiéndome increíblemente aliviado por la gracia de Tiffany y reorientado por su confianza. Me percaté de que no necesitaba encarar un nuevo problema en mi vida, o inspeccionar dentro de mí en busca de algún pecado oculto, o leer un libro sobre sexo, o siquiera arrepentirme. Recordé que Dios había sido quien me había guiado en todo este proceso y seguía allí a mi lado. Necesitaba recuperar mi atención en mi novia, a la cual yo amaba. No se trataba de centrarme en mí. Hacer el amor debe consistir en entregar todo nuestro amor hacia esa persona especial. Necesitaba centrarme en ella, y tenía que devolver el amor precioso e incondicional que se me había ofrecido, primero por Dios y luego por mi joven esposa. En la presencia de aquel temor que me aislaba y condenaba, Tiffany reveló el corazón de Dios hacia mí: "Yo te amo, y estoy contigo." El amor incondicional dispersó las mentiras del enemigo. La siguiente mañana nuestra intimidad sexual fue una expresión de la intimidad relacional y espiritual que se había solidificado la noche anterior. Y no volvió a ser un problema nunca más.

Entrando a la Tierra Prometida

Cuando los israelitas se aproximaban a la tierra prometida enviaron a 12 espías a explorar. Cuando aquellos 12 regresaron, traían consigo la evidencia de la fecundidad de la tierra. Pero también trajeron consigo sus viejas formas de pensar de autosuficiencia, carencia y miedo. Diez de ellos declararon que la tierra era demasiado peligrosa, los gigantes que habitaban esa área eran demasiado grandes y los israelitas estaban demasiado débiles después de haber huido de Egipto. Solamente las mentes de Josué y Caleb se habían transformado lo suficiente, hasta ese momento, para sostener que los gigantes, sin importar cuán grandes fueran, no tenían ninguna posibilidad ante las promesas de Dios. Pero como dice el dicho, a Dios solo le tomó un día para sacar a los israelitas de Egipto, pero 40 años sacar a Egipto de los israelitas. Aquellos 40 años constituyeron un proceso en el que Dios constantemente invitó a Su pueblo a rendir la mentalidad que, en 400 años de esclavitud, había permeado en ellos. Quería que aprendieran a confiar en Él por encima de todas las cosas.

Cuando los israelitas finalmente entraron a su tierra prometida, 40 años después, aún tenían que pelear contra esos gigantes. Pero su mentalidad era diferente. Ahora tenían una historia de la fidelidad de Dios que podían recordar. Ahora entendían que, si Dios los invitaba a la batalla, Él les abriría paso hasta la victoria. Y ellos eligieron cruzar el río Jordán hacia la tierra prometida, después de caminar 40 años en una transformación. Como los israelitas, cuando fui atacado por aquel miedo en la noche de mi luna de miel, se abrió una opción para darme vuelta y regresarme a una mentalidad familiar, pero inferior. Pude haber caído otra vez en viejos patrones de pensamiento, patrones de los que había pasado años desenredándome. El miedo siempre te va a hablar con mentiras familiares sobre ti mismo, disfrazándolas de pensamientos racionales y haciendo que la fe parezca ilógica.

En vez de ello, la profundidad de mi relación con Dios y el dulce amor de mi esposa actuaron como un faro, guiándome al lugar en el que yo pudiera decir: "No. Ya recuerdo. Dios siempre es mi presente ayudador. Siempre está aquí conmigo." En ese instante entré más plenamente en mi realidad de nueva creación. Al alejarme del miedo y reconectarme con Dios, en lugar de mis circunstancias temporales, me permitió experimentar el ámbito sobrenatural, incluso en mi sexualidad. Con el apoyo de mi esposa fui capaz de cruzar el Jordán con los israelitas, ver cómo las aguas se dividían delante de mí y atravesar hacia la tierra prometida. En virtud de que una vez hemos conocido verdaderamente a Dios, es que la confianza en Su bondad, en Su fidelidad y en Su misericordia se convierten en la única opción lógica y verdadera.

Aquellos 40 años que dieron vueltas por el desierto, incluyeron algunas importantes sacudidas en el camino. Nuestro proceso de transformación no es diferente. También tenemos a los gigantes del pensamiento pasado, de viejas mentalidades, y de dolor sin procesar en nuestra tierra prometida a los que tenemos que derrotar. Pero como podemos escuchar en la historia de mi amigo David Reece, Dios siempre es fiel. Nos ha equipado para cada batalla que enfrentamos y no se apartará de nuestro lado mientras aprendemos a vivir en la libertad que Él nos prometió.

> Desde los tres hasta los diecisiete años de edad, mi vida estuvo marcada por la adicción a la pornografía, la pornografía entre personas del mismo sexo, relaciones no saludables, una confusión de identidad y abuso sexual. Viví una doble vida haciendo muchas cosas a puertas cerradas. Aparentaba ser un gran chico, pero nadie sospechaba todo el dolor que tenía ni que me sentía solo y confundido.
>
> Un primo mío estuvo abusando de mí desde los tres hasta los dieciséis años. Desde los 4 años sentí atracción por otros niños. En el bachillerato me hice adicto a la pornografía y tuve encuentros con otros chicos, así que comencé a pensar que probablemente era gay. Pero cuando un amigo cercano salió del armario supe que eso no era lo que yo quería y tomé la decisión consciente de no seguir ese camino.
>
> En la universidad no me mostraba como homosexual, pero consumía pornografía para auto gratificarme cuando me sentía solo e insuficiente. Cuando conocí a mi esposa en 2008 fue la primera persona con la que fui honesto respecto a mi larga adicción a la pornografía y la atracción hacia las personas de mi mismo sexo. Ella me atraía mucho, pero no sabía cómo conciliar eso con el conflicto que se desataba en mí.

Nos casamos en 2010, y llevé mi adicción a la pornografía a mi matrimonio. Para el segundo año de casados las cosas se pusieron realmente difíciles. Sabía que necesitaba ayuda desesperadamente. Una noche, un amigo me contó acerca de un programa en el que él estaba y que le había ayudado a entender su sexualidad y le estaba funcionando, y me animó a inscribirme. Ese constituyó mi punto de inflexión. Inmediatamente comencé con sesiones de consejería que me ayudaron a salir del dolor y la confusión, y a entender que no porque yo hubiera sido violado a los tres años significaba que fuera gay. Entré entonces en un programa de 21 semanas enfocado en problemas sexuales y traumas relacionales. En 2015, a través de la consejería y del programa de 21 semanas, finalmente experimenté libertad y sanidad del trauma que me había estado causando tanto dolor y confusión sexual, y esa libertad ha aumentado desde entonces.

Antes de que yo saliera de la atracción hacia mi mismo sexo, todo lo que sabía era fingir felicidad. Hoy mi vida es increíblemente buena y llena de alegría. Por primera vez tengo libertad y claridad y las cosas van siendo más claras cada día. Finalmente, estoy genuinamente conectado a mí mismo y a los demás, tengo confianza en las relaciones y en mí mismo y ahora todo es mucho más claro para mí.[1]

Una batalla que vale la pena

Esta batalla por la plenitud vale la pena. Y no solamente por la transformación de la identidad sexual. Incluso aquellos de nosotros que estamos justo al inicio de esta jornada o, por la razón que sea, no experimentamos alivio en los deseos hacia el mismo sexo, podemos confiar que existe una infraestructura de intimidad construyéndose dentro de nosotros que le traerá beneficios a cada aspecto de nuestras vidas. La experiencia de la libertad de la lucha contra la atracción hacia mi mismo sexo ha cambiado mi vida, pero al mismo tiempo, también se han construido otras cualidades dentro de mí tan solo por haber participado en esta batalla. Así que anímate. Incluso si no puedes verlo, cuando sometemos a Dios nuestros planes para nuestras vidas, Él toma cualquier debilidad y con ella construye algo hermoso. Sin embargo, no es solo la libertad del tormento, de la confusión y del dolor. Si bien esos son incentivos poderosos y maravillosos para comenzar el proceso, hoy puedo mirar hacia atrás en mi vida y ver que participar en esta batalla por mi identidad sexual ha moldeado atributos dentro de mi personalidad y carácter que de otra manera no tendría.

Por naturaleza, tiendo a ver las cosas más en blanco en negro que en tonos de grises. Y en mi juventud fui intolerante, arrogante y propenso al miedo a las explosiones de ira. Mi atracción hacia el mismo sexo captó mi atención desde temprano en mi vida y me metió en un proceso de discipulado que abordó mi sexualidad y muchos problemas de carácter. El día de hoy me doy cuenta de que normalmente soy capaz de ofrecer compasión a otros fácilmente por todo lo que me fue dado. Durante mucho tiempo fui un absoluto desastre, pero experimenté una hospitalaria gracia de parte de otros a lo largo de mi camino. Y ahora para mí es un privilegio extender esa misma gracia a otros. Este mismo juego lo veo en mis hijos, también. Hubo tantas veces en mi vida en que fallé, cuando caí nuevamente en el pecado o tomé decisiones equivocadas, pero vez tras vez recibí la gracia de Dios. Por mi experiencia, puedo traer esa gracia a mi forma de criar a mis hijos, teniendo un estándar para las actitudes y el comportamiento, pero otorgando gracia cuando mis hijos fallan.

Cualquier versión del orgullo se siente falsa cuando tienes que mostrarle a Dios y a los demás el verdadero desorden que hay en tu interior. Pero aquello que comienza con un sentimiento de humillación, se convierte en verdadera humildad. Sé quién soy, un hijo de Dios, pero no tengo duda en mi mente de que todo lo bueno que hay en mí es completamente por la gracia de Dios. Aquí estoy, viviendo una vida sana y feliz por causa de Él, y soy completamente dependiente de Él cada día. Sé que no siempre estoy en lo correcto —un descubrimiento por el que probablemente mi esposa se siente particularmente agradecida— porque he podido ver cuán verdaderamente mal puedo estar.

Hay muchas maneras en las que mi personalidad ha sido moldeada por la lucha que tuve con la homosexualidad, pero parte de lo que el Señor ha hecho ha sido limpiar el miedo del hombre en mi vida. Durante la primera parte de mi vida, tuve, de muchas maneras, una sobredosis de temor y de complacencia a la gente. Como ya lo mencioné antes, estaba obsesionado con las figuras de autoridad y en particular con lo que ciertas personas pensaran de mí, hasta el punto de que en realidad ni siquiera tenía una forma de pensar propia. Pero en cierto momento tuve que dejar eso. Cuando fui sabiendo quién era Dios realmente, el temor de Dios se volvió mucho más relevante en mi vida que el temor al hombre. Así, el chico que usaba un disfraz para entrar a una librería cristiana, ahora es el hombre que cuenta su historia frente a multitudes. El tipo que se aterraba con solo pasar frente al vestidor de los hombres, ahora enseña a grupos de hombres acerca de lo que es una masculinidad sana. Ahora, ¡dime si Dios no tiene sentido del humor!

Cada año, desde que comencé este viaje con Dios, me voy sintiendo más cómodo conmigo mismo. Experimento la maravillosa sensación de vivir libre de una consciencia de culpa porque ya no participo en pecados ni fantasías sexuales, ni en pornografía ni masturbación. Sin embargo, el regalo más grande que esta batalla me ha traído, es una intimidad cada vez más grande. Tengo un matrimonio maravilloso, tengo sexo sensacional con mi esposa, ya no me excitan los hombres, tengo amistades profundas, y soy emocionalmente capaz de mentorear a toda una nueva generación de personas que están descubriendo la invitación de Dios a nuevos niveles de libertad. Todos los días le digo a mis hijos que los amo y constantemente estoy mostrándoles mi cariño. Nada de esto me hubiera sido posible antes de haber iniciado este camino. No fui capaz siquiera de abrazar a alguien hasta el final de mis veintes. Sentir a otros con el tacto era demasiado complicado, demasiado personal para mí. Las relaciones íntimas con los demás parecían estar a años luz del aislamiento en el que estaba. Pero Dios sabía que estaba hecho para la conexión y sabía cómo traerme hasta aquí.

Mucha gente que está en medio de la lucha con la homosexualidad no puede siquiera imaginar una vida de conexión, y mucho menos una profunda intimidad con los demás. Sin embargo, tiene sentido que nuestro lugar de debilidad sea el lugar donde la redención de Dios resplandezca más. Así es como él trabaja. La vida de Jeff Johnston exhibe claramente esta transformación.

> A los cinco años otros chicos de mi vecindario me involucraron en juegos y cosas sexuales. Eso me impidió conectar con otros niños porque no quería que eso sucediera otra vez. Así que tendía a conectar más con las niñas. En la secundaria descubrí la pornografía y me enganchó. Sentía vergüenza, culpa y miedo de que alguien descubriera lo que yo hacía. Me afectó más aún cuando mi fascinación por la pornografía comenzó a cambiar de las mujeres a los hombres. Por años me esforcé por mantener una imagen externa correcta, incluso a pesar de que la adicción sexual y la atracción homosexual aumentaban.

Entonces, a la mitad de mi década de los 20, fui a Australia como misionero por varios años. Cuando regresé, me encontraba trabajando con un grupo de jóvenes de bachillerato, cuando llegué al final de mis fuerzas. El contraste entre pelear constantemente con mi sexualidad y estar involucrado en la iglesia era demasiado difícil.

Durante ese tiempo fui a una conferencia. Fue la primera vez que escuché a alguien hablar sobre las razones potenciales detrás de la atracción hacia el mismo sexo, o que es posible dejar la homosexualidad. La conferencia se convirtió en un punto de inflexión para mí, y en una semana comencé a asistir a un grupo de apoyo para personas que también querían dejar la homosexualidad. Había mantenido escondida por años esta parte de mi vida, pero poco a poco comencé a hablar con mis amigos y mi familia sobre mi lucha. Con quienes temía ser rechazado, generalmente encontré compasión y preocupación. También comencé a ver a un consejero cristiano, a asistir a conferencias sobre sanidad sexual y encontré algunos libros sobre el tema. Todos estos fueron muy útiles para traer transformación y plenitud a mi vida.

Aunque comencé siendo muy firme en mi viaje para salir de la homosexualidad, también pasé por un tiempo en el que verdaderamente cuestioné mi fe y mi identidad como cristiano. Empecé a ir a clubs y a tener sexo con hombres que acababa de conocer. Se hablaba mucho del HIV/SIDA en ese tiempo, y sabía que las decisiones que estaba tomando eran muy inseguras.

Finalmente regresé a mi fe y a la iglesia. En lugar de buscar un lugar en el liderazgo, me centré en procurar relaciones sanas, no sexuales, con hombres. Tuve un mentor y participé en grupos semanales en los que nos rendíamos cuentas unos a otros. Tuve amigos hombres que me amaban y aceptaban en la etapa en la que estaba, pero que también me llamaban la atención cuando hacía cosas que no eran buenas para mí. Y me di cuenta de que mi lucha no era tan diferente a algunas de las suyas. Aquellas relaciones fueron increíblemente sanas y transformadoras para mí.

Unos años después comencé a liderar un grupo en mi iglesia. Un día llegó una chica que me pareció muy linda. Judy y yo iniciamos en una relación de noviazgo y luego nos casamos. Seguimos casados, tenemos una relación sana, y tenemos tres hijos. El mayor tiene 20 años, y le siguen un par de gemelos de 17.[2]

Un memorial de piedra

El grande regalo más que he recibido en esta batalla, más allá de mi esposa y mis cuatro hermosos hijos, ha sido mi relación con Dios. No creo más que deba esconderme del Señor como Adán, que se cubrió con hojas de higuera. La vergüenza ha desaparecido. Ahora puedo caminar con mi Padre en el fresco del día. He experimentado la suprema libertad viviendo alineado a Su diseño para mi vida. Por supuesto, no tenemos que pelear contra la homosexualidad para conocer íntimamente al Señor, pero sí hay algo notable sobre este caminar. Los que hemos andado este camino terminamos conociéndole muy bien, porque no hay otra forma de transitarlo. La vida no nos ha sido fácil. Tiffany y yo hemos enfrentado algunos retos difíciles en la salud de nuestra familia y con nuestros hijos. He tenido que pelear contra un profundo miedo paralizante. Pero sé quién es mi fuente. Sé a dónde ir cuando las cosas se ponen difíciles. Confío en que Dios se me mostrará cuando lo necesite, porque juntos hemos pavimentado ese camino con profunda amistad durante este proceso. Y de verdad que se manifiesta cada vez.

Una vez que los israelitas cruzaron el río Jordán, Josué les dio instrucciones de tomar doce piedras del lecho del río, una por cada tribu, y construir con ella un memorial de la intervención sobrenatural de Dios. "para que esto sea señal entre ustedes. Y cuando sus hijos les pregunten en el futuro, diciendo: *¿Qué significan para ustedes estas piedras?*, les responderán: *...estas piedras sirven de monumento conmemorativo a los hijos de Israel, para siempre*" (Josué 4:6-7).

Los lugares de victoria, las áreas en las que hemos podido superar los obstáculos en nuestras vidas, nos pertenecen a nosotros, a nuestros hijos, y a los hijos de nuestros hijos para siempre. Cada triunfo en esta batalla constituye un memorial de la fidelidad de Dios, un testimonio de su compromiso hacia nosotros del que podemos tomar coraje cuando queramos. La intimidad que construí con Dios durante mi viaje con Él, es lo que ha cambiado mi vida para siempre, y las vidas de muchos alrededor de mí. Ese regalo es algo que llevaré conmigo para siempre. Y ahora mi gozo es compartirlo con otros.

Notas

1. David Reece, *CHANGED: #oncegay Stories,* https://changedmovement.com/stories//david-reece.
2. Jeff Johnston, *CHANGED: #oncegay Stories,* https://changedmovement.com/stories/jeff-johnston.

Capítulo 11

UN AMBIENTE QUE AYUDE A SANAR

Ya sea que nunca hayas tratado con la atracción hacia el mismo sexo, o simplemente estés buscando una plenitud y libertad en tu identidad sexual, siempre tienes la posibilidad de ser parte de la creación de un ambiente que ayude a sanar a otros. Aprender a apoyarlos en sus respectivos procesos, incluso si vamos tan solo un paso delante de ellos, puede tener un impacto enorme en cuán libremente ellos pueden aprender o re-aprender la intimidad. Eso no significa que cualquier ambiente sea perfecto, ni que la responsabilidad de su proceso de crecimiento descanse solamente en la comunidad que los rodea. Pero como reaccionamos ante las debilidades, el dolor y el pecado de otras personas, especialmente cuando son diferentes de los nuestros, puede, ya sea obstaculizar, o animar su proceso hacia la libertad. Aprender a desterrar el miedo, dejar de controlar y hablar la verdad en amor puede crear un entorno en el que las personas que están sufriendo puedan abrirse para una verdadera restauración.

KathyGrace Duncan, cuya historia mencioné en el Capítulo 7, experimentó dos diferentes ambientes de iglesia durante su proceso. De niña fue testigo del abuso verbal y emocional de que sufrió su madre a manos de su padre. Ella, en su interior, optó por creer que las mujeres eran débiles y serían abusadas, y que ser niño era más seguro. "Cuando lo miraba a él tratarla de la manera que lo hacía, mi conclusión era que las mujeres eran aborrecidas, las mujeres eran vulnerables y las mujeres eran débiles." Inconscientemente ella sabía que no quería ser mujer porque eran abusadas, pero tampoco quería ser como su padre abusivo. "Así que hice un voto: seré el hombre que mi padre no es."

Haber experimentado el abuso en manos de un miembro de la familia confirmó la idea de que ser mujer significaba ser lastimada por los hombres. Cuando KathyGrace tenía siete años, nació su hermano. Todos estaban tan fascinados con él, que hubo algo que se afirmó en su corazón: "Para recibir esa afirmación, de la que yo estaba tan deseosa, necesitaría ser niño." Cuando fue creciendo se hizo muy amiga de un chico que estaba muy emocionado con la idea de que ella quisiera unirse a su sexo biológico. Juntos iban a los bailes de la escuela o a la pista de patinaje de un pueblo cercano a bailar con las chicas. Cansada de ocultar esto a sus padres, se mudó de su casa a los 19 años, comenzó a tomar un tratamiento hormonal, y empezó a vivir como hombre.

Pero Dios tenía un plan distinto. Luego de haber comenzado a vivir como hombre, conoció a una chica que la invitó a ir a la iglesia. Finalmente aceptó, y KathyGrace la acompañó, y allí escuchó una y otra vez acerca de Jesús. Intrigada, respondió a un llamado al altar para entregarle su vida al Señor. Pero cuando se levantó la siguiente mañana, nada había cambiado. Así que ella siguió respondiendo a los llamados al altar, domingo tras domingo, hasta que el pastor le dijo que una sola vez era suficiente. Ella seguía viviendo como hombre, pero no escuchó nada del Señor acerca de cambiar su estilo de vida. "Mi interpretación de eso fue que Él estaba de acuerdo con esto. No me dijo que estuviera mal, ni me mató, así que seguí adelante viviendo como hombre."

Aproximadamente un año después, el papá de KathyGrace averiguó dónde trabajaba y le dijo a su jefe que ella no era hombre, sino que era su hija. La despidieron del trabajo y, como una de sus compañeras de trabajo iba a la misma iglesia que ella, la llamaron inmediatamente a una reunión con los pastores. Ellos la confrontaron acerca de los rumores que habían oído y le preguntaron quién era realmente. "Mi respuesta fue, 'Bien, soy un hombre que antes fue mujer.' Y su respuesta fue, 'Te amamos, pero no podemos dejar que sigas viniendo.'" Así que la echaron de la iglesia. Sin embargo, ella sabía que estos pastores no habían mostrado la plenitud del corazón de Dios hacia ella.

Siguió saliendo con otra mujer, asumiendo completamente su identidad de hombre, pero encontró otra iglesia y empezó a leer su Biblia. Una mañana se dio cuenta de que ella había estado tratando a la chica que era su novia en ese momento, muy parecido a como su papá trataba a su mamá. Devastada, rompió con ella y comenzó a insistir más en el Señor, involucrándose en su iglesia.

Sin embargo, a lo largo de este tiempo, ella fue desarrollando una debilitante adicción a la pornografía. Casi un año después de su rompimiento, yendo de camino a la iglesia, el Señor interrumpió sus pensamientos para preguntarle si estaba lista para un inventario de las decisiones de su vida. "¿Estás dispuesta para hacerlo ahora mismo?", le dijo. Ella pensó: *No tengo nada que perder*. Así que dijo: "Sí, Señor, lo haré." Inmediatamente su adicción a la pornografía salió a flote. "Seguí involucrándome cada vez más en la iglesia en la que estaba y le daba espacio al Señor en todas partes." Como si ella fuera hombre, dirigía un estudio bíblico para hombres, ayudaba a guiar a jóvenes de secundaria y participaba en el grupo de jóvenes solteros en edad universitaria. Viendo su hambre por el Señor, la iglesia comenzó a poner "a este joven" en la mira para el liderazgo.

Pronto se conectó con una pareja que se convirtieron en sus padres espirituales. Un día cuando estaban orando, ella se percató de que ellos no podían orar efectivamente por ella mientras no supieran la verdad de quién era. Así que ella les contó todo. Al final la llamaron a una reunión con el pastor de la iglesia y con su padre espiritual. Ella se preparó para otra confrontación, y de nuevo, volvieron a pedirle que explicara quién era ella realmente. Sin embargo, esta ocasión lo que salió de su boca fue: "Soy una mujer viviendo como hombre."

Mientras lo decía, el Espíritu Santo intervino inmediatamente y ella vio cuáles eran los siguientes pasos que tenía que dar: Tenía que dejar su posición de liderazgo, tenía que hablar con los líderes que había en su vida y decirles la verdad, y volver a vivir como mujer. Su pastor no tenía idea de cómo dirigirla, así que escuchó los pasos que el Señor le había dado a ella. "Está bien", le dijo, "llámame mañana, y comenzaremos a agendar unas citas para ti."

Ella estaba impresionada. Pensó: *¿O sea que no vas a correrme? ¿No vas a pedirme que me vaya? ¿Vas a acompañarme en este proceso?* Como si él respondiera a sus pensamientos, su pastor dijo: "No sé y no tengo idea de cómo debe ser esto. Pero sí sé que voy a estar contigo."[1] Y eso hizo que todo cambiara para ella.

Un Desafío para la Iglesia

De muchas maneras la Iglesia le ha fallado a los que se ven a sí mismos como LGBTQ. Históricamente al evadir el tema del sexo, tanto la sana expresión, como las disfunciones, ha dejado nuestra sexualidad envuelta en confusión, vergüenza y silencio. En mi experiencia, la homosexualidad nunca se discutió en la iglesia, solo como una vaga referencia al pecado y condenando a aquellos que "escogen" un estilo de vida homosexual. En la mayoría de los casos, al encontrar solo reglas y juicios dentro de la institución de la religión, no es de sorprender que aquellos que luchan con su identidad sexual busquen respuestas en otros lugares.

Actualmente este tema es uno de los que causan más división entre los creyentes; pero debemos estar conscientes de que mucha de esa división sucede porque el Cuerpo de Cristo lo arruinó todo. Muy a menudo, la gente herida se desilusiona cuando van a las iglesias en busca de ánimo. En vez de ayuda, reciben juicio; en vez de compasión, reciben vergüenza y rechazo; en vez de empatía, les entregan un montón de reglas religiosas; en vez de darles herramientas para poder caminar hacia una profunda paz y restauración internas, a mucha, mucha gente herida, como KathyGrace, les enseñan la puerta de salida.

No hemos amado a la gente que vive con un estilo de vida homosexual de la manera que Jesús lo hubiera hecho. Así que, sin un modelo de compasión y verdad, muchas iglesias han decidido seguir el camino de la aceptación, en lugar del juicio. Sus corazones aman, pero tienen una versión liviana del amor. El amor sin verdad, el amor que no tiene esperanza en la transformación, es tan destructivo como lo opuesto. Jesús nos enseñó lo que es hablar la verdad en amor. Y nos llamó a hacer lo mismo.

Dios quiere empoderar al Cuerpo de Cristo para soltar sanidad sobre la crisis de identidad sexual que el mundo está experimentando en este momento. Podremos abdicar de nuestra posición de autoridad en esta arena por causa del temor y el deseo de control, pero Jesús nos ha llamado a hacer más. Él ha derramado Su Espíritu sobre nosotros, llamándonos a influir al mundo con la perspectiva del Cielo. Solamente los seguidores de Jesús pueden decirle a alguien con plena confianza: "Hay esperanza. La Persona de paz te mira y te ama incondicionalmente. Eres perdonado por Dios y nunca estarás solo otra vez. Esto es lo que Dios dice que tú realmente eres…"

Cuando yo estaba luchando con mi identidad sexual, fue la comunidad de mi iglesia la que estuvo a mi lado. Dieron cabida a los cambios en mi vida, a mis preferencias y a mis modos. Hubo un grupo de hombres que me dieron la bienvenida en su comunidad como a cualquier otro hombre. Me aceptaron completamente y reforzaron quien yo era. Esa es la clase de ambiente que podemos ayudar a construir para los demás.

Prudentes como serpientes, sencillos como palomas

Caminar junto a alguien que está dejando atrás la homosexualidad nos demanda operar tanto en sabiduría, como en sensibilidad. Independientemente de si has luchado con la atracción al mismo sexo, o no, uno de los primeros pasos más importantes, es evaluar honestamente el lugar que esa persona te ha dado en su vida. Amar y apoyar el proceso de alguien puede verse muy diferente, dependiendo de nuestro nivel de relación. Como gente de apoyo podemos preguntarnos: "¿Me está pidiendo mi opinión sobre su comportamiento o estilo de vida?" O, "¿Tenemos una relación lo suficientemente cercana como para que deba estar dispuesto a compartir mi opinión, aunque no le guste mi consejo?"

Una analogía común para entender lo que es una sana confrontación, describe a las relaciones como puentes y la confrontación como camiones. Un camión de carga solo puede cruzar sobre un puente

Un Ambiente que Ayude a Sanar

que sea lo suficientemente fuerte para soportarlo. Abordar el tema de la identidad sexual de alguien es uno de los "camiones" más pesados que pueden conducirse, así que ese puente relacional necesita estar bien construido y estable. Eso quiere decir que si tu compañero de trabajo transgénero te pide que uses un pronombre específico, probablemente no sea el momento para avergonzarlo con la verdad bíblica acerca del estilo de vida o su identidad sexual. Solo podemos influir realmente en los lugares a los que se nos ha dado acceso. Si traspasamos ese límite, corremos el riesgo de convertir a gente preciosa —individuos que fueron diseñados, de forma única, a la imagen de Dios— en meros proyectos religiosos. Y si alguna vez has estado al otro extremo de eso, bien sabes cuánta soledad y dolor puede hacer sentir eso.

La compasión es una parte enorme de la creación de un ambiente saludable. Dondequiera que voy a compartir mi testimonio, estoy consciente de que hay gente en el auditorio que puede estar recibiendo mensajes muy diferentes. Por cada persona que está experimentando esperanza y transformación, hay otra persona que probablemente siente como si el piso se le estuviera desmoronando. Cada vez que compartimos un estándar estamos invitando a la comparación. Eso no significa que yo deje de compartir la transformación de Dios en mi vida; por el contrario, estoy trabajando por alcanzar cada vez más gente. Pero sí quiere decir que tengo cuidado de cómo cuento mi historia. Sé que no puedo evitar el dolor, pero sí puedo honrar a aquellos que están teniendo una experiencia diferente a la mía y tratar de minimizar el dolor que puedan sentir. Hago lo mejor que puedo para que esa consciencia y compasión estén siempre delante de mi visión.

Dios es Amor

La verdad es que, incluso si hacemos lo mejor posible para mostrar compasión, para construir una relación y apoyar a quienes atraviesan este desafiante proceso, solo el Espíritu Santo es el que sabe verdaderamente el camino que debe seguir cada persona. Cada persona que lidia con la atracción a su mismo sexo o con pecados sexuales, necesita un consejo diferente. Uno que esté casado con una persona de sexo opuesto, pero tiene un amorío adúltero con alguien del mismo sexo, por ejemplo, muy probablemente requerirá límites diferentes —por las vidas impactadas—, que el hijo adolescente de otra persona.

Hubo personas bien intencionadas que, al principio del proceso de KathyGrace hacia la restauración de su identidad, le regalaban bolsas con maquillaje y la animaban a ponérselo. Pero ella no estaba lista para eso. Usar maquillaje hubiera sido para ella como ponerse una máscara que solo serviría para cubrir sus profundas heridas. El propósito de Dios no era que usara maquillaje; Su propósito era que estuviera firme en su identidad, como Su hija, para que pudiera expresar su feminidad a partir de esa libertad. Como lo experimentó Drew Berryessa, la transformación de la identidad sexual de uno es algo que sucede de adentro hacia afuera. Si estamos apoyando a alguien, necesitamos escuchar la voz de Dios, seguir su guía y luego salirnos del camino. Esta es la historia de Drew:

> Yo vivía en lo que parecía ser una prisión secreta de desesperanza e imposibilidad. Era adicto a la pornografía y a la masturbación, y me costaba mucho trabajo hacer amigos. También me sentía atraído hacia los de mi mismo sexo y estaba extremadamente conflictuado y frustrado

internamente por eso. No tenía idea de qué hacer con mis problemas.

En mi punto más bajo, me encontraba desesperado y había perdido la esperanza de que las cosas pudieran cambiar. Comencé a creer que el amor gay era mejor que no sentir ningún amor, y decidí entrar en una relación gay. Durante unos meses me sentí pleno, pero entonces, rápidamente me di cuenta de que no era como otros lo pintaban.

Al descubrir que incluso en aquella relación no llenaría el deseo de mi corazón, ni me satisfaría, consideré suicidarme. No veía ninguna salida hacia adelante, pero no me atreví a hacerlo.

Deseaba un día poder tener una familia, casarme con una mujer y tener hijos, aunque honestamente no creía que fuera posible para mí. Y siempre tuve la profunda sensación de que la atracción por el mismo sexo no era lo mejor para mí. Luchaba para reconciliar mis sentimientos con mi fe. Y fueron estas, las dos principales motivaciones para que yo buscara un cambio.

Hubo muchas cosas que ayudaron a mi proceso, incluyendo un álbum de un líder de alabanza que contaba su historia de cómo había salido de la homosexualidad. Fue la primera vez que escuchaba un testimonio como ese, y me dio esperanza. También hubo algunos libros con las historias de otros acerca de cómo habían dejado sus estilos de vida homosexuales, y me animaban.

Entonces, me uní a un programa que ofrecía consejería específica y cuidado pastoral para personas que tenían problemas con su sexualidad. Nadie allí trataba de presionarme para cambiar lo que yo hacía, pero sí me ayudaban a buscar una sanidad en mi corazón y en mi estilo de vida, lo que me llevó también a cambiar mi conducta. La gente allí me animaba y ayudaba a ver quién era realmente. Eso quería decir, dejar las formas de rechazo, abuso y luchas que habían afectado la forma en que yo mismo me veía.

Ahora llevo casi 15 años casado con mi esposa y soy papá de tres hermosas hijas. Estos son dos papeles que nunca creí que podría tener, pero ahora los experimento cada día, y es maravilloso.

Tengo una gran cantidad de amistades sanas y que me apoyan, y me he reconciliado con cada miembro de mi familia, de quienes, en el pasado, me sentí aislado. Soy feliz, exitoso y estoy emocionado de la vida.[2]

Estoy ansioso de ver crecer a mis hijas y finalmente verlas casarse y ser abuelo. Espero con ansias, en un nivel inmediato, que mi hija más pequeña vaya a la escuela el año próximo, para que mi esposa pueda estar un poco más libre. Estas son las dulces cositas mundanas sobre mi familia de las que nunca hubiera tenido oportunidad de ansiar si eso no hubiera sucedido en mi vida.

Has oído en la historia de Drew que nadie lo presionaba para cambiar su forma de ser. El amor es el único camino a seguir. Cuando se nos otorga el honor de acompañar a alguien en su camino de salida de la homosexualidad, las decisiones tomadas intencionalmente en amor ayudan mucho en el camino. Escuchar atentamente, permitirle sentir y ser conocido, o conocida, y dedicarle de nuestro tiempo, son cosas que expresan valía por la persona. El amor significa construir una relación, no predicarle a alguien para ganar una discusión. Es la oportunidad de recordar que muchas de las raíces de la homosexualidad, son las mismas fuentes de heridas emocionales en nuestras vidas. Ya fuera que se hubieran manifestado como atracción hacia el mismo sexo, alcoholismo, independencia nociva o codependencia, podemos todos relacionarlos al dolor humano que es resultado de una crisis de intimidad. Las personas que nos invitan a su proceso nos dan la preciosa oportunidad de caminar con ellos y de ver al Señor moverse poderosamente como el Sanador y el Restaurador de todo.

"El amor no se deleita en la maldad, sino que se regocija con la verdad." (1 Corintios 13:6). La idea del amor nunca tuvo la intención de equipararse a la mera bondad. Hacerlo así sería minimizarlo. Las Escrituras tienen todo un capítulo de la Biblia para describir este importante concepto: amor. Mientras que la bondad y la compasión son sumamente valiosos, el amor "se regocija con la verdad". Muchísimas personas han caído mentalmente en aquello de "vive y deja vivir", respecto a los demás. Y especialmente esto sale a relucir cuando se trata de gente con un estilo de vida gay. Pero eso no es amor.

Amar a alguien significa preguntar constantemente al Señor lo que Él está haciendo. Nuestra comprensión del amor debe estar sujeto a la Persona de Dios, no a nuestras emociones. Amor no es detenerse a mirar a alguien dañarse a sí mismo debido a su propio dolor. El amor es libre de juicio, pero está bien dolerse por la realidad interior que se expresa como homosexualidad. El corazón humano no quiere solo ser tolerado. Cada uno desea ser visto, conocido y amado íntimamente, y solo lo logrará cuando venga, como nosotros, a encontrarse cara a cara con el Amor mismo.

Verdaderamente Libre

Cada uno de nosotros debemos vivir con la consciencia de que, caminando diariamente en comunión con el Espíritu Santo y escuchando Su voz, creamos un ambiente en el que Dios puede ministrar a los que nos rodean. KathyGrace encontró este ambiente celestial en la familia de su iglesia. Así, ella abrió su corazón al amor y la misericordia de Dios, y encontró la libertad completa que ella deseaba.

> Hoy tengo una vida plena. Llevo más de 25 años viviendo fuera de aquel estilo. Cuando pienso en aquellos años en que viví como hombre, lo siento como si hubiera sido otro mundo. Todavía tengo los recuerdos, pero son como si hubiera sido otra persona.
>
> Sigo siendo bromista y traviesa, pero ahora también soy libre. Sé quién soy, y cada nuevo día es algo que puedo esperar ansiosamente, en lugar de estar sufriendo. Ahora valoro ser genuina, en vez de estarme escondiendo todo el tiempo. Al crecer, tenía tanto miedo de que me rechazaran si mostraba alguna emoción o mostrara quién era, era horrible. Pero ahora, eso ya no existe. Aquí estoy; esto es lo que recibí.
>
> Sané de todo el rechazo, y ahora puedo entender que soy una buena persona. Sé que soy amada y encuentro un gran valor en la vida. No puedo decir que así era como me sentía antes. Tengo confianza en quién soy ahora y en que soy valiosa. Puede ser que no haga todo bien todo el tiempo, pero lo que tengo para ofrecer es bueno.[3]

Después de haber vivido cómodamente como mujer durante años sin experimentar ninguna atracción hacia alguien de su mismo sexo, tuvo un momento de revelación: era totalmente libre. Si bien, siempre seguiría creciendo y sanando en muchos sentidos, la batalla por su identidad había terminado. Había dejado atrás la atracción hacia su mismo sexo y la confusión de identidad sexual. Con curiosidad, le preguntó al Señor: "¿Cómo fue que sucedió eso? ¿Cuándo pasó? ¿Cómo cambiaste mi mente, porque yo había hecho un voto de que nunca volvería a ser una mujer y, sin embargo, aquí estoy? Señor, ¿cuándo sucedió?

En su mente, vio cómo el Señor se llevó la mano a la barbilla como si estuviera pensando profundamente en su pregunta. Finalmente, después de un momento de silencio, Él la miró y dijo: "No sé". KathyGrace estaba totalmente confundida. Era Dios, ¿verdad? ¿No había estado Él con ella todo el tiempo? Ella sabía que era solo por Su cercanía que su libertad era posible. Entonces, ¿cómo era que no lo sabía?

El Señor simplemente la miró y dijo: "Yo nunca te vi así".[4]

La Vida Hacia Adelante

Mucha gente en nuestro mundo el día de hoy están luchando y confundidos con respecto a quiénes son. Pero Dios sabe exactamente quiénes somos. Dios no vio a Kathy-Grace como un hombre, no me vio a mí como gay, y Él le dijo a mi novia que no me viera de esa manera tampoco. El mundo nos está presionando para que sigamos la corriente y abracemos la ideología LGBTQ. Pero yo encontré una gran libertad y satisfacción, y la capacidad de tener una familia propia al elegir verme como Él me ve: como un hombre de Dios. Creo que mi proceso tomó más años de lo necesario porque yo estaba tratando de cambiarme a mí mismo y resolverlo todo en mi cabeza. En realidad, Dios Padre quería que dejara mis métodos y confiara en Él, me apoyara en Él y lo adorara solo a Él. Él es el único que tiene el poder de transformarnos y renovar nuestra mente. Mi oración es que te acerques lo suficiente a Él y a aquellos que Él ha puesto en tu vida para recibir el amor íntimo que Él tiene por ti y para abrazar y disfrutar la identidad que Dios te ha dado. Todo es posible. ¡Vale la pena luchar!

Notas

1. *Homosexuality and the Church: BSSM Advanced Ministry Training 2019-2020 Year,* "Session 3: What factors do transgender individuals face? With KathyGrace Duncan of Portland Fellowship," Equipped to Love.
2. Drew Berryessa, *CHANGED: #oncegay Stories,* https://changedmovement.com/stories/2018/5/28/drew-berryessa.
3. KathyGrace Duncan, *CHANGED: #oncegay Stories,* https://changedmovement.com/stories/kathygrace-duncan.
4. *Homosexuality and the Church: BSSM Advanced Ministry Training 2019-2020 Year,* "Session 3: What factors do transgender individuals face? With KathyGrace Duncan of Portland Fellowship," Equipped to Love.

PREGUNTAS FRECUENTES

Es de entender que discutir el tema de la homosexualidad en un ambiente basado en la fe plantea muchos problemas prácticos. A continuación, he puesto algunas de las preguntas más frecuentes que me han hecho. A pesar de haberlo vivido personalmente, no tengo todas las respuestas, pero compartiré mi perspectiva junto con los aportes de varias personas en las que confío para estos asuntos. Muchos de estos escenarios son complejos y profundamente personales, y este formato desgraciadamente es limitado. Ojalá pudiéramos tener una larga charla mientras tomamos café para poder entender el contexto completo detrás de las preguntas. Sin embargo, he hecho todo lo posible para dirigirme a cada uno con gracia, compasión y verdad. No espero que mis respuestas sean la última palabra sobre cada tema, pero sí que actúen como un trampolín a medida que te sumerges más profundamente en el corazón del Padre hacia la gente que se identifica como LGBTQ.

Visita **CHANGEDmovement.com** y **EquippedToLove.com**
para encontrar recursos adicionales (en inglés).

1) ¿Cómo debo responderle a mi hijo si me dice que cree que es gay?

R: Comenzaría haciéndole algunas preguntas. Eso nos provee de una gran vía de acceso a las cosas más profundas de la vida de tu hijo. Hazle preguntas como: "Ayúdame a entender cómo llegaste a tomar esa decisión. ¿Cuándo fue la primera vez que empezaste a sentirte así? Cuéntame sobre eso…" Tu hijo o hija acaba de darte acceso a lo más profundo de él o de ella; procede con cuidado. Crea y proporciona un espacio muy seguro donde él o ella pueda hablar libremente de sus experiencias y sentimientos. Recuerda que existen razones por las cuales tu hijo o hija dice esto o se siente así. Entonces, si tienes la intención de ayudar, no te concentres en el comportamiento externo (a menos que sus elecciones lo o la pongan en peligro); exprésale amor y gracia por su condición interna (sus sentimientos). Será mejor que él o ella sepa que estás en su equipo.

Si ya tienes una vibrante relación y rica emocionalmente, probablemente tengas la capacidad de ser más directo porque has generado confianza y tu conexión con él o con ella es fuerte. Si tu relación no es tan fuerte y no hay muchas garantías relacionales, probablemente necesites invertir (empatizar) y crear conexión y confianza antes de poder ofrecer muchos consejos y esperar que sean bien recibidos.

Preguntas Frecuentes

2) ¿Qué cosas deben buscarse en un buen consejero para alguien que lucha con la atracción hacia su mismo sexo? ¿Hay algún grupo de consejería que recomiendes?

R: Es de vital importancia encontrar un consejero que esté firmemente convencido de que la experiencia sexual de cada persona puede cambiar y que Jesús está interesado en transformarnos a cada uno de nosotros en nuevas creaciones. Posiblemente un consejero que vaya a tu iglesia.

Idealmente habría que encontrar a alguien que tuviera experiencia ayudando a personas con atracción hacia el mismo sexo y que esté conectado con otros consejeros que tengan experiencia en esta misma área. La elección de un consejero es muy personal, pero es de mucha ayuda encontrar a alguien que sea paciente, que muestre amor y que ayude a la persona a sentirse vista y escuchada.

Lamentablemente, puede ser difícil encontrar un consejero autorizado que pueda asesorar de acuerdo con los valores fundamentales que expuse, debido a las leyes equivocadas que se están aprobando en los Estados Unidos y en todo el mundo. Algunas leyes ahora exigen que el flujo de la sexualidad solo corra en dirección a la LGBTQ; no hacia la heterosexualidad. Así que puede ser mejor encontrar ayuda de un pastor o un ministro. Además, mi curso *Finding You: An Identity-Based Journey Out of Homosexuality and Into All Things New* es un programa integral de discipulado que guía al individuo a recurrir al Señor, su iglesia, familia y comunidad para experimentar transformación.

3) La escuela de mi hija tiene una Semana de la Diversidad para celebrar la igualdad LGBTQ en la educación. Como sus padres, nos sentimos incómodos con el contenido que se presenta a lo largo de este evento. Además de sacarla de la escuela esa semana, ¿de qué otra forma podemos reflejar el corazón del Padre sin comprometer la verdad?

R: Este escenario es un ejemplo maravilloso de por qué es mejor ser proactivo en sentar las bases de una familia saludable y una sexualidad con sus hijos antes de que ingresen a la escuela. Sacar a nuestros hijos de la escuela esta semana no los protegerá de encontrarse con problemas LGBTQ. Liderar debates abiertos sobre la sexualidad, la familia y los roles masculino y femenino dentro del hogar desde que los hijos son muy pequeños (idealmente comenzando a los tres o cuatro años) puede dar bases para los debates que tienen o escuchan en la escuela en un contexto de verdad bíblica. Amen y muestren interés en otros chicos que puedan verse afectados por la cultura LGBTQ con el corazón de Jesús para que tus hijos aprendan a hacer lo mismo.

Si te preocupa el plan de estudios que se les enseña a tus hijos, protestar por la Semana de la Diversidad podría ser, o no, un lugar adecuado para comenzar. Pero si no expresas tus preocupaciones a la administración de la escuela, es probable que tus deseos de proteger a tus hijos no se cumplan. La próxima Semana de la Diversidad debería ser una gran motivación para que tú y tus amigos comiencen a tener presencia en las juntas escolares. Reúne a padres con ideas afines y comiencen a establecer relaciones con los administradores. Asegúrese de tener una voz fuerte y consistente sobre todos los aspectos de la experiencia escolar, incluido el plan de estudios.

4) Nuestra iglesia quiere comenzar a ministrar a la comunidad LGBTQ, pero nunca hemos recibido capacitación sobre cómo hacerlo. ¿Por dónde nos recomiendas empezar?

R: Elizabeth Woning y yo establecimos *Equipped to Love* para ayudar a equipar a la iglesia a enfrentar este tipo de problemas. Es maravilloso escuchar de la gente que ama y ministra a todos aquellos que están saliendo de un estilo de vida LGBTQ, o que siguen siendo parte de él. Sin embargo, antes de avanzar, recomendaría a cualquier iglesia que esté interesada en tomar este ministerio a dar un paso atrás y evaluarse honestamente en algunas áreas. Primero, le preguntaría a la iglesia si el tema de la sexualidad se ha abordado abierta y honestamente desde el púlpito con la congregación en general. Segundo, ¿qué tipo de ministerio hay actualmente disponible para ayudar a salir a las personas de dentro de la propia congregación de los pecados sexuales? Antes de ministrar a aquellos dentro de la subcultura LGBTQ, es importante haber construido, dentro de la iglesia, una base de diálogo en torno a la sexualidad saludable y la amplia gama de problemas sexuales.

Brindar este tipo de enseñanza abierta y honesta sobre estos temas, históricamente tabú, puede abrir puertas para las personas que han dejado atrás la homosexualidad o que aún están involucradas. ¿Hay alguien en su congregación que se identifique como gay o está dejando atrás ese estilo de vida? Caminen junto con ellos y aprendan a apoyarlos en su proceso. Una vez que comprendan cómo abordar sus problemas, una vez que el discipulado ya se esté dando a nivel individual con personas que ya son parte de su iglesia, una vez que puedan comunicar la verdad en amor a los que se identifican como homosexuales, pueden comenzar a crear espacios seguros para el diálogo y el aprendizaje.

Es importante reconocer, sin embargo, que si comienzan a ministrar en esta área, estarán invitando a gente que puede no compartir las mismas creencias fundamentales que el resto de sus miembros. Si la congregación aún tiene miedo de este nivel de vulnerabilidad desordenada, es probable que todavía no esté lista para ministrar de manera proactiva a aquellos dentro de la subcultura LGBTQ. Como alternativa, podrían considerar buscar un ministerio activo y próspero con el que su iglesia pueda asociarse, y apoyar en este campo, mientras se equipa a la iglesia para ministrar directamente.

5) ¿Tienes algún consejo sobre cómo presentar el tema de la homosexualidad a mis hijos?

R: Aquí hay algunos consejos que mi esposa, Tiffany, compartió en su blog, "Cómo hablar con sus hijos sobre la homosexualidad", que escribió para *Moral Revolution*:

Empecemos a hablar de ello, y mucho. El mundo habla de la cultura LGBTQ dondequiera que miremos, entonces,

¿por qué nosotros no? Hablemos con nuestros hijos del diseño de Dios para la familia. Hablemos de Su corazón para aquellos dentro de la comunidad LGBTQ cuando nuestros hijos son pequeños, antes de que conozcan a una persona que se identifique como gay. Discutamos durante la cena palabras como "gay", "lesbiana" y "transgénero". Dejemos de poner un escudo delante de nuestros hijos, impidiéndoles estas conversaciones y, en su lugar, equipémoslos para manejar las poderosas armas de la verdad amorosa y la compasión radical hacia la gente de su generación que está sufriendo. Cuando discutamos este tema con los niños, podemos presentar contenido apropiado para su edad, dar prioridad a escuchar a nuestros hijos, mantener el tema informal y sin mucho riesgo, y modelando la bondad sin diluir la verdad. Una de las respuestas para una comunidad gay que sufre es el amor íntimo de Jesús, especialmente a través de las manos y los pies de Su Iglesia. Lamentablemente, la iglesia ha sido conocida principalmente por arrojarles piedras; pero la generación de nuestros hijos podría ser la que cambie el rumbo, construyendo un puente para que la comunidad gay acceda al amor de Jesús a través de Su Iglesia. Esto no sucederá si les predicamos, sino al mostrarles un Cristo que ama, a la par que mantenemos nuestros valores.[1]

Recuerda: Tendemos a creer lo primero que escuchamos. Así que comiencen a hablar sobre el diseño especial de Dios para la estructura familiar, una mamá y un papá, y sus roles y contribuciones únicos, antes de que sus hijos conozcan la cultura LGBTQ en línea, en la escuela o en cualquier otro lugar.

6) Nuestra hija transgénero nos pidió que usáramos solo pronombres masculinos al referirnos a ella en una conversación. Queremos honrarla pero sentimos que esto está empoderando una falsa identidad. ¿Cuál sería una respuesta apropiada?

R: Primero, es importante reconocer que cuando alguien se identifica con un sexo diferente al de su biología, está representando un profundo dolor y confusión que puede haber estado allí durante años. Por eso, gran parte de mi consejo para ustedes dependerá de la profundidad de la relación entre ustedes y su hija. Si ella siente que están en equipos opuestos, la influencia que ustedes tendrán en las decisiones de ella tendrá un límite. Sin embargo, si la relación ha permanecido abierta, puede haber más posibilidades de diálogo sobre este asunto.

Es importante que los padres no respalden una identidad falsa. Sin embargo, quizás sea aún más importante reconocer que, para aquellas personas que luchan con sus identidades sexuales, la tasa de suicidio es mucho más alta que para aquellos que se enfrentan a la atracción por el mismo sexo. Esta decisión debe tomarse cuidadosamente junto con el Espíritu Santo y el cuidado pastoral, particularmente si su pastor conoce bien a la familia. E independientemente de las decisiones que tomen, recuerden que la oración es su arma más poderosa. Conozco muchas historias de rescate sobrenatural que surgieron en respuesta a las oraciones de los padres.

Además, recomiendo ver las respuestas a las preguntas número 1 y 4.

Preguntas Frecuentes

7) Con frecuencia escucho que la gente dice: "¿No son todos los pecados iguales?" ¿Es la homosexualidad algo más importante que la glotonería, la adoración al dinero, el adulterio, etc.? Si es así, ¿por qué?

R: Todo pecado es igual en el sentido de que cada pecado nos separa de Dios y requiere el sacrificio de Jesús para reconciliarnos con el Padre perfecto. Sin embargo, es importante reconocer que la Biblia dice que el pecado sexual daña el propio cuerpo de la persona (ver 1 Corintios 6:18). Debido a que es tan profundamente íntimo y relacional, el pecado sexual nos afecta no solo a nosotros mismos, sino también a nuestra capacidad de conectarnos con los demás, así como a nuestra capacidad de intimidad con Dios.

Las personas que cometen pecados sexuales no son necesariamente más malas que las que cometen otros pecados. Todos hemos pecado y estamos destituidos de la gloria de Dios (ver Romanos 3:23). Pero nos hace bien estar al tanto del daño —físico, psicológico y espiritual— que el pecado sexual nos causa a nosotros mismos, a los demás y, potencialmente, a las generaciones futuras. Debido a que los estilos de vida LGBTQ alteran directamente el diseño de Dios para la estructura familiar (esposo y esposa liderando hijos e hijas), los efectos pueden ser intensos y de largo alcance.

8) ¿Crees que es importante quitar a alguien de un papel de liderazgo en la iglesia si se ha declarado LGBTQ?

R: Sí, lo creo. Pero cómo hacerlo, puede ser la diferencia entre aislar y lastimar aún más a las personas heridas y discipularlas hacia la libertad y la plenitud. Debido a que para la Iglesia abordar temas sexuales abiertamente es algo nuevo, es importante manejar confrontaciones como esta con gracia y amor. Es de mucha ayuda si existen de antemano pautas o requisitos para el liderazgo de la iglesia a los que se pueda hacerse referencia. Pero cualquier conversación de esta naturaleza debe comenzar con preguntas compasivas en lugar de acusaciones, y dentro de un entorno privado y apropiado.

Aquella persona necesita sentir que tu objetivo es su propio bienestar y no la carga o el miedo de la iglesia. Trata de entender de dónde viene la persona y ve si está dispuesta a recibir ayuda. Comunica claramente tus expectativas para aquellos en roles de liderazgo dentro de la iglesia. Reitera tu deseo de mantener una relación con ella, manteniendo, en primer lugar, la preocupación por la persona; pero comunícale que su decisión de seguir un estilo de vida que incluye un comportamiento sexual que no se alinea con las escrituras bíblicas, va en contra de las expectativas que la iglesia tiene para cualquiera en un rol de liderazgo. Explícale que cualquier persona que no cumpla con las calificaciones bíblicas del liderazgo de la iglesia, deberá renunciar hasta que pueda volver a ese estándar (ver 1 Timoteo 3:1-15).

Elizabeth Woning suele señalar que, idealmente, el liderazgo de la iglesia comienza a desarrollar proactivamente una relación con cualquier persona que se identifique como LGBTQ al poco tiempo de que comience a asistir a la iglesia. Esfuérzate por ser transparente en cuanto a la doctrina y la enseñanza. Es doloroso cuando las reglas o los estándares se aplican años después de que una persona haya estado inmersa en la comunidad. Es más honroso, y probablemente más cristiano, compartir esos estándares desde antes, como parte normal del proceso de discipulado, aunque a veces signifique un desafío.

9) ¿Se puede ser gay y cristiano a la vez?

R: Dios no da la identidad de "gay". Así que puedes sentirte atraído por personas de tu mismo sexo y ser cristiano, sí. También hay muchas historias de personas que conocieron al Señor, pero pasaron años construyendo una relación con Él antes de que pareciera que Él abordara específicamente su sexualidad. Él está interesado en nuestros corazones además de estar interesado en lo que hacemos.

Si alguien dijera que es gay, primero me preguntaría qué significa eso para él o ella. Si eso significa que él o ella siente atracción hacia personas del mismo sexo, pero se está absteniendo de tener sexo homosexual, entonces ciertamente esa persona puede estar siguiendo a Cristo. Si la persona ha tenido la identidad gay y está viviendo una vida célibe, me entristecería que tuviera una identidad ("gay cristiano") que Dios no le dio, pero puedo ver cómo podría ser un verdadero seguidor de Cristo. El hecho de que una persona no tenga esperanza de que sus deseos sexuales cambien no la descalifica para estar en Cristo.

Sin embargo, si una persona ha abrazado completamente el vivir una identidad homosexual y un estilo de vida de pecado sexual, entonces me preocuparía si la persona es un verdadero seguidor de Cristo, porque Cristo nunca va a guiar a la gente en una dirección contraria a la instrucción de la Biblia. Cada vez que preguntamos si una persona realmente conoce al Señor, es sabio orar y preguntarle a Dios Padre qué está haciendo dentro de la persona, y alinear nuestras oraciones y acciones con eso. Jesús, por ejemplo, solo hacía lo que veía a Su Padre hacer (ver Juan 5:19-20).

10) ¿Qué consejo les darías a los padres de chicos que expresan el deseo de ser del sexo opuesto? ¿O, por ejemplo, a los padres que tienen un hijo varón joven que muestra tendencias más "femeninas"?

R: Primero, lean las respuestas a las preguntas 1 y 6.

Debido a que creo que las tendencias homosexuales o transgénero a menudo son una manifestación de rupturas de la intimidad del hijo en cuestión, animo a los padres a orar constantemente y preguntarle a Dios Padre qué está haciendo en la vida del hijo. Será muy útil entender cuáles son las prioridades de Dios para esta etapa de la vida del hijo. El Espíritu Santo sabe lo que necesita ese hijo. Además, concéntrense en estar seguros de que el hijo se sienta realmente visto, escuchado y seguro para comunicar cómo se siente.

En lugar de tratar de hacer que el hijo no juegue con muñecas, en la mayoría de los casos sugeriría que le pidan a su hijo que les permita unirse a su juego, y traten de conectarse con él allí. Averigüen con qué le gusta jugar más y pregúntenle qué le gusta de eso. Esto fortalecerá su conexión relacional y probablemente aumentará su aprecio por ustedes. Con el tiempo, podrán invitar a su hijo a algunas actividades nuevas que podrían realizar junto con miembros del mismo sexo, de su familia o amigos. La atención y la reafirmación deben aplicarse generosamente, en particular por parte del padre del mismo sexo (o alguien de confianza que sea un modelo a seguir del mismo sexo). Y estadísticamente, existe una buena probabilidad de que el hijo supere cualquier sensación de disforia de género.

Idealmente, el hijo podrá comenzar a construir relaciones con compañeros del mismo sexo, se vinculará con el padre del mismo sexo (o alguien de confianza que sea un modelo a seguir del mismo sexo) y comenzará a estimar y abrazar su propio sexo biológico.

11) Mi prima va a casarse con una mujer este verano. Quiero mostrarle que la amo, pero no quiero comprometer lo que mi fe me dice sobre el matrimonio entre personas del mismo sexo. ¿Qué debo hacer?

R: Hay razones emocionales subyacentes por las que tu prima ha elegido casarse con otra mujer. Entonces, lo que sea que decidas, y cómo comuniques esa decisión, debe incluir la gentil compasión que viene con el ser consciente de la complejidad del dolor que sustenta su decisión. Hay muchos líderes a los que amo y respeto mucho, que trazarían una línea dura y dirían que bajo ninguna circunstancia es correcto asistir a una boda gay.

Las razones para no asistir son sólidas y, a menudo, correctas: es difícil asistir sin aprobar el matrimonio, puede haber personas observando tu decisión que se confundirán y/o se verán influidas por que asististe. La Biblia nunca aprueba el matrimonio entre personas del mismo sexo. Todo esto es absolutamente cierto, y si tu relación es lo suficientemente distante, podría ser fácil ausentarse de la ceremonia sin ningún daño relacional. Sin embargo, si se trata de una relación estrecha, creo que es valioso sopesar el contexto relacional al tomar esta difícil decisión.

El riesgo de asistir, en este escenario, podría leerse como una aprobación a la unión entre personas del mismo sexo. El riesgo de negarse podría estar en enviar un mensaje de rechazo a alguien a quien estás llamado a amar, saboteando tu capacidad de llegar a él o ella. Este es un momento en el que nuestra confianza en el Espíritu Santo es primordial. Idealmente, si se tratara de una relación cercana, independientemente lo que decidas, debió haber existido un diálogo abierto y constante desde antes de la invitación de la boda. Esto podría indicar que escuchas el corazón de tu prima y sus razones para declararse gay, al tiempo que tú compartes el amor absoluto de Dios por ella, junto con la certeza de que no crees que esto sea lo mejor que tiene Dios para su vida. Si ese intercambio honesto de perspectivas ya tuvo lugar, puedes compartir abiertamente tu objeción a asistir a la boda junto con tu amor y apoyo inquebrantables por ella.

Me imagino un diálogo más o menos así: "Julie, tú sabes que yo seguiré siendo un pilar en tu vida, peleando por tu felicidad mientras viva. Pero también sabes que no creo que este sea el mejor plan de Dios para ti. He decidido (lo que vayas a hacer) _____ debido a mi convicción acerca de _____. Mi amor por ti es _____. Puedes contar conmigo para ser _____ en el futuro".

Obviamente, sería inapropiado tener una conversación con un guion. Pero a veces solo se necesita tener una conversación amable, y a la vez franca, y plantear claramente la verdad: que ambas partes preferirían que el otro viera las cosas de manera distinta. Pero, por el bien de la relación, ambas partes deben estar dispuestas a dar algo de gracia a la otra parte, y no exigir que la otra persona cambie para continuar la relación.

12) ¿Crees que es importante que los cristianos se opongan políticamente a la legalización del matrimonio entre personas del mismo sexo? Si es así, ¿por qué, si la mayoría de las veces se alude a gente que de todos modos no comparte nuestro sistema de creencias cristianas? ¿No es eso solo un ejemplo de la separación de la Iglesia y el Estado?

R: Tengo muy claro por qué muchos cristianos piensan que no estamos llamados a imponer nuestras creencias a los demás a través del ámbito político. Estoy de acuerdo en que no es nuestro trabajo obligar a la gente que no tiene una relación con Dios a comportarse como cristianos. Después de todo, había dos tipos de árboles en el jardín de Edén. Dios le dio opciones a Adán y Eva. Sin embargo, yo estoy en contra de la legalización del matrimonio entre personas del mismo sexo porque creo que tal decisión deja víctimas inocentes.

Como lo discutí en el Capítulo 3, los hijos de familias del mismo sexo no llegan a experimentar una vida hogareña cubierta por ambos sexos biológicos como Dios lo dispuso. En general, el tejido mismo de nuestra cultura se basa en la institución de la familia. Está en el centro de nuestra sociedad. Cuando comienza a desintegrarse o a cambiarse la forma de ese bloque de construcción, quitando la cubierta femenina o masculina de la unidad familiar, los efectos son incalculables. La institución del matrimonio es sagrada y digna de protección política, social y espiritual.

13) **La comunidad LGBTQ parece estar impulsando constantemente su agenda. ¿Cómo se supone que los cristianos deben avanzar o decir la verdad sin hacer manifestaciones y parecer odiosos?**

> **R:** Como cristianos, recibimos nuestra dirección de Dios. Al igual que Jesús, estamos llamados a hacer solo lo que hace nuestro Padre y solo decir lo que dice nuestro Padre (ver Juan 8:28). Si comenzamos a recibir nuestras órdenes de marcha reaccionando a lo que está haciendo el mundo, el lado más feo de la religión va a surgir. Nuestra preocupación, entonces, debe ser si estamos obedeciendo al Señor en nuestra propia vida en lugar de si otras personas lo están obedeciendo en la suya. No todos comparten nuestras creencias o valores fundamentales.
>
> Pero si Dios nos está guiando a hablar sobre un tema como la agenda LGBTQ, debemos asegurarnos de que la compasión y el amor, además de una convicción de justicia, estén liderando el camino. Solo tendremos la influencia

para traer vida y avanzar en una arena en la que podamos liderar con amor. Y muchas veces, aquellos que tienen el acceso más fácil a la compasión en esta área son aquellos que salieron de la experiencia homosexual. Apoyar ministerios como el de *CHANGED Movement*, dirigido por personas que han dejado atrás la identidad LGBTQ y ahora están empoderando a otros, es una forma poderosa de brindar nuestras fuerzas.

Pero con todo eso dicho, se proactivo. Trabaja para votar por líderes justos en el gobierno. Sé responsable de la salud de tu ciudad. Ora por tus líderes y para que Dios se salga con la suya en medio de ti. Y haz todo lo que Él te está guiando a hacer; tal vez consulta con otros antes de hacer algo público o en las redes sociales. En una multitud de consejeros hay seguridad (ver Proverbios 11:14).

14) Hay versículos en el Antiguo Testamento que dicen que la homosexualidad está mal, pero también hay versículos que denuncian los tatuajes, el cerdo y los mariscos. ¿Por qué los cristianos contemporáneos no aceptan la homosexualidad de la misma manera que lo hacen con los tatuajes y el tocino?

R: A continuación, Elizabeth Woning comparte sus ideas al respecto:

A través del pacto mosaico, incluidas todas las restricciones de comportamiento que lo acompañan, Dios estaba creando una nueva identidad cultural para los descendientes de Abraham, Isaac y Jacob. ¡Recuerda, acababan de salir de Egipto después de estar allí 430 años! Muchos cristianos leen la Torá y se desconciertan por la gran cantidad de requisitos de estilo de vida esenciales para la identidad judía. Es vital comprender que estas leyes se aplicaron de manera diferente y tenían diferentes niveles de sanciones. Algunos requisitos se enfocaban en rituales para el culto y el sacerdocio, y otros para las relaciones sociales y personales. Por lo tanto, algunos tenían un significado moral e incluso simbólico (revelando la naturaleza de Dios de manera comprensible), mientras que otros eran similares a las leyes federales o estatales, como el límite de velocidad. Dios estaba legislando prácticas aceptadas entre vecinos, tribus, ciudades y naciones, así como actitudes morales. Por lo tanto, es inapropiado equiparar "comer tocino" con la inmoralidad sexual, como la violación, el adulterio o la homosexualidad.

Cuando leemos el Antiguo Testamento, es útil identificar los diferentes extremos en la administración de justicia de acuerdo con la ley de la Torá. Una persona "sucia" que ha tocado un cadáver solo necesita someterse a un ritual de lavado para recuperar el favor de la comunidad (ver Números 19:11-12). Eso no era un castigo muy grande. Las restricciones alimentarias se relacionan con problemas de salud (por ejemplo, los cerdos y los camarones son carroñeros). La lógica detrás de estas prácticas es obvia. De manera similar, el adulterio y el asesinato tienen penas extremas (muerte) como consecuencia del impacto en relaciones sociales más amplias. Considera que Moisés enumera el comportamiento homosexual (no la identidad) entre las infracciones que justifican la pena de muerte. Eso sugiere que la práctica homosexual tiene drásticas implicaciones personales y culturales según Dios.

Es importante tener esto en cuenta en la medida en que empoderamos diferentes comportamientos dentro del compañerismo cristiano. La Biblia indica que las conductas sexuales tienen un profundo significado para Dios porque impactan el cuerpo de una persona (la morada prometida del Espíritu de Dios) y nuestras relaciones. No hay lugar en las Escrituras en el que Dios bendiga las uniones sexuales entre personas del mismo sexo; por lo tanto, es importante que nos alineemos con Sus valores. Cuando experimentamos atracción por personas del mismo sexo o confusión de identidad sexual, como discípulos de Jesús, podemos estar seguros de que Dios promete alinearnos con sus valores.

15) ¿Cuál dirías que es la mejor manera de llegar a aquellos que tienen un estilo de vida homosexual e intentar ministrarlos cuando parecen estar contentos con su estilo de vida?

R: Sé lleno del Espíritu Santo y está preparado para escuchar lo que Él quiere compartir con ellos. Lo más probable es que esto no signifique discutir su comportamiento o estilo de vida, a menos que hayas tenido una relación profunda y de largo plazo con ellos. Muchas personas que han salido de la subcultura LGBTQ, lo han hecho porque han probado el amor radical y abrumador de Dios que los encontró en medio de su estilo de vida. Tengo muchos antiguos amigos LGBTQ que encontraron a Jesús como resultado de una palabra de conocimiento, una palabra profética o a través de algún evento sobrenatural de Dios. Entonces, la mejor manera de llegar es a través del ministerio, el amor y el ánimo guiados por el Espíritu. Solo asegúrate de que tu motivación para alcanzarlos es tu amor por ellos y no porque estés preocupado por lo que hacen.

Experimentar a Dios, que los persigue para ofrecerles su amor en medio de su caos, es lo que verdaderamente cambia la vida de gente. Romanos dice: "*la bondad de Dios te guía al arrepentimiento*" (Romanos 2:4 RVA 2015). Así que queramos llenarnos de Dios y, por lo tanto, representarlo bien mucho antes de abordar el tema del comportamiento. No es nuestro trabajo ser el Espíritu Santo, sino ser guiados por Él.

16) ¿Cómo puedo apoyar a un amigo que ha sido etiquetado como gay (por la sociedad o sus compañeros) debido a su apariencia y modales? ¿De dónde vienen los amaneramientos gay estereotipados? ¿Son aprendidos o innatos?

R: Muy a menudo, como sociedad, podemos centrarnos en la apariencia externa de alguien y asumir que sabemos lo que sucede dentro de esa persona. Para alguien que es afeminado o tal vez poco femenina, los mensajes críticos que recibe sobre su identidad pueden ser debilitantes y repulsivos. Entonces, el primer consejo que daría es simplemente acompañar a esa persona. Jesús no vino a condenar a la gente; Él se preocupó por ellos y los invitó a tener una relación con Él.

Podemos mostrar compasión por el dolor de una persona, convirtiéndonos en un lugar seguro para que él o ella procese. Se ha hecho mucho daño cuando las personas que tienen gestos diferentes sienten que no hay gracia o comprensión para ellos y que no tienen lugar para encajar con el resto de la cultura. Solo sirve para empujarlos aún más hacia el aislamiento.

El difunto y gran Sy Rogers explicó que los gestos estereotipados de los homosexuales son como tener acento. Nuestros gestos están influenciados por aquellos que nos rodean y aquellos que deseamos emular. De esa manera, somos producto de nuestro entorno, pero Dios pasa por alto todas nuestras autoconstrucciones y va directo al corazón. De esta, y de todas las formas, podemos seguir su ejemplo.

Nota

1. Para obtener indicaciones sobre una discusión apropiadas para su edad, o para leer el artículo completo escrito por Tiffany Williams, ir a: https://www.moralrevolution.com/blog/how-to-talk-to-your-kids-about-homosexuality.

QUIÉN ES KEN WILLIAMS

Ken Williams comenzó la búsqueda de su verdadera identidad sexual en 1987, cuando su batalla contra la homosexualidad se convirtió en intentos de suicidio. Durante los años siguientes, se entregó desesperadamente a la oración, la consejería y el estudio. Finalmente, Ken comenzó a experimentar a Dios en su proceso y fue sano de su trauma, forjó una intimidad profunda con Dios y estableció una identidad masculina. Hoy, Ken ayuda a otros a encontrar una identidad genuina y a buscar la respuesta a sus problemas sexuales. Ken es cofundador de *Equipped to Love*, un ministerio para todos aquellos afectados por la cultura LGBTQ (EquippedToLove.com); es co-fundador de *CHANGED Movement*, un movimiento en expansión para hombres y mujeres que ya no encuentran su identidad en LGBTQ (CHANGEDmovement.com). Ha sido pastor asociado en Bethel Church (Redding, California) desde 2006. Ministra y enseña representando a Revolución Moral (moralrevolution.com); y tiene un grado en Marketing y Finanzas. Sus mayores alegrías son su bella esposa y sus cuatro increíbles hijos.

www.ingramcontent.com/pod-product-compliance
Lightning Source LLC
Chambersburg PA
CBHW060509100426
42743CB00009B/1265